LYSA TE
AUTORA *BEST SELLE*

CON EL DR. JOEL MUDDAMALLE Y JIM CRESS
COPRESENTADORES DEL PÓDCAST THERAPY & THEOLOGY (TERAPIA Y TEOLOGÍA)

Cómo sobrevivir a un divorcio no deseado

UNA GUÍA BÍBLICA Y
PRÁCTICA PARA SANAR
Y DEJAR EL PASADO ATRÁS

Grupo Nelson
Desde 1798

Cómo sobrevivir a un divorcio no deseado
© 2025 por Grupo Nelson
Publicado por Grupo Nelson, 501 Nelson Place, Nashville, Tennessee, 37214, EUA
Grupo Nelson es una marca registrada de Thomas Nelson. www.gruponelson.com
Thomas Nelson es un sello de HarperCollins Christian Publishing, Inc.

Título original en inglés: *Surviving an Unwanted Divorce*
© 2025 por Lysa TerKeurst LLC
Publicado por Thomas Nelson.

Todos los derechos reservados. Ninguna porción de este libro podrá ser reproducida, almacenada en ningún sistema de recuperación, o transmitida en cualquier forma o por cualquier medio —mecánicos, fotocopias, grabación u otro—, excepto por citas breves en revistas impresas, sin la autorización previa por escrito de la editorial.

Queda expresamente prohibido todo uso no autorizado de esta publicación para entrenar cualquier tecnología de inteligencia artificial (IA) generativa, sin limitación a los derechos exclusivos de cualquier autor, colaborador o editor de esta publicación. HarperCollins también ejerce sus derechos bajo el Artículo 4(3) de la Directiva 2019/790 del Mercado Único Digital y excluye esta publicación de la excepción de minería de textos y datos.

Este libro tiene fines meramente informativos y no sustituye la asesoría, diagnóstico o tratamiento profesional. No constituye ni reemplaza la terapia, ni tratamientos de salud mental.

Si tienes problemas de salud mental, dificultades en tus relaciones o problemas matrimoniales, consulta a un terapeuta, consejero o proveedor de atención médica calificado.

Ni los autores ni el editor se hacen responsables de los resultados derivados del uso de este material.

HarperCollins Publishers, Macken House, 39/40 Mayor Street Upper, Dublin 1, D01 C9W8, Ireland (https://www.harpercollins.com)

A menos que se indique lo contrario, todas las citas bíblicas han sido tomadas de la Santa Biblia, Nueva Versión Internacional® NVI®. Copyright © 1999, 2015 por Biblica, Inc.® Usada con permiso de Biblica, Inc.® Reservados todos los derechos en todo el mundo.

Las citas bíblicas marcadas «RVR1960» son de la Santa Biblia, Versión Reina-Valera 1960 © 1960 por Sociedades Bíblicas en América Latina, © renovada 1988 por Sociedades Bíblicas Unidas. Usada con permiso. Reina-Valera 1960® es una marca registrada de la American Bible Society y puede ser usada solamente bajo licencia.

Las citas bíblicas marcadas «NTV» son de la Nueva Traducción Viviente, © Tyndale House Foundation, 2010. Usada con permiso de Tyndale House Publishers, Inc., 351 Executive Dr., Carol Stream, IL 60188, Estados Unidos de América. Todos los derechos reservados.

Las citas bíblicas marcadas «NBLA» han sido tomadas de la Nueva Biblia de las Américas © 2005 por The Lockman Foundation. Usada con permiso. www.NuevaBiblia.com.

Las citas bíblicas marcadas «TLA» son de la Traducción en Lenguaje Actual © 2000 por Sociedades Bíblicas Unidas. Usada con permiso.

Traducción, edición y adaptación del diseño al español: *Grupo Scribere*

ISBN: 978-1-40035-244-9
eBook: 978-1-40035-245-6
Audio: 978-1-40035-246-3

La información sobre la clasificación de la Biblioteca del Congreso estará disponible previa solicitud.

Impreso en Estados Unidos de América
25 26 27 28 29 LBC 5 4 3 2 1

Contenido

Una aclaración de Lysa iv
Introducción: Los secretos siempre pasan factura vii

Capítulo 1. Un hogar partido en dos 1

Capítulo 2. ¿Y mi pacto ante Dios? 15

Capítulo 3. ¿Pero Dios no odia el divorcio? 29

Capítulo 4. ¿El único motivo válido para divorciarse es la infidelidad sexual? 45

Capítulo 5. ¿Por qué Dios no impidió que sucediera todo esto? 61

Capítulo 6. La vida va cambiando, pero tú puedes decidir cómo cambiar 75

Capítulo 7. Es hora de dominar la situación como te corresponde 87

Capítulo 8. Perdonar se siente tan injusto 99

Capítulo 9. Me siento incapaz de perdonar 115

Capítulo 10. ¿Cómo es aceptar esta nueva normalidad? ... 125

Conclusión 133
Recursos de cuidado y consejería 137
Notas 139
Acerca de los autores 144

Una aclaración de Lysa

Mientras mi matrimonio se iba desmoronando, sentía como si hubiera chocado de frente mi vehículo contra otro, estuviera herida de gravedad y necesitara de manera desesperada ir a una sala de urgencias. Ante la intensidad del dolor y la gravedad de las heridas, sentía que me desangraba emocionalmente. Después de todo, me habían amputado, arrancado, desgarrado una parte de mí. Si mis lesiones hubieran sido físicas, alguien habría llamado a una ambulancia, y los médicos habrían intentado estabilizarme y llevarme a un hospital. Allí, los especialistas habrían sabido qué hacer para controlar el dolor y me habrían llevado al quirófano para reparar mi cuerpo. Sin embargo, para mi dolor emocional no tuve a disposición ese nivel de atención y ayuda inmediata. Ningún médico podía reparar en un quirófano mi corazón destrozado.

Lo que me habría ayudado en medio de ese dolor intenso y de esa confusión es un libro como este. De hecho, si te soy sincera, escribir este recurso que tienes en tus manos fue lo que me ayudó a sanar tras el divorcio.

Quiero que sepas desde el comienzo que me encantaría que no fuera necesario un libro llamado *Cómo sobrevivir a un divorcio no deseado*. La desolación de un divorcio no deseado es espantosa. Por eso, de ninguna manera en absoluto querría glorificar el divorcio ni presentarlo como una solución sencilla para las dificultades maritales. Si con tu cónyuge están dispuestos a cambiar con humildad lo que haga falta y hay esperanza de sanar ese matrimonio, te ruego que luches por esa relación.

De todos modos, sé por experiencia personal que a veces eso no es posible. Si el daño y la desolación han llegado a un nivel que representa la muerte del matrimonio, necesitas un recurso como este. Es un libro que no se limita a mis experiencias personales, sino que incorpora la sabiduría de profesionales capacitados para ayudarte a transitar todo lo que estés afrontando, tanto a nivel emocional como espiritual.

Este libro no es el recurso perfecto con el que sabrás qué hacer y decir en cada situación, pero oro por que sí te dé la fortaleza emocional y la confianza en la Biblia para comenzar a afrontar lo que estés viviendo. Ya sea que estés en pleno proceso de divorcio, estés aún procesando algo que sucedió hace años, o estés ayudando a un ser querido devastado, este libro es para ti.

Para serte sincera, me preocupaba que este libro dejara la impresión de que quiero fomentar el divorcio. Ten en claro que no es así. Quiero fomentar los matrimonios sanos y quiero apoyar a las mujeres que necesitan desesperadamente la ayuda y la información que aporta este libro. Y mi hermana, si esa eres tú, creeme que lo vales.

Por último, deseo mencionar además que, sin dudas, también hay hombres que son víctimas de matrimonios destrozados. Me repugna que el enemigo destroce familias de todas las maneras que puede. En este libro, me dirijo ante todo a las mujeres, porque es la experiencia que me ha tocado vivir. De todos modos, ojalá estos principios te ayuden también si eres hombre.

Siento mucha gratitud por poder ofrecerte este recurso y poder expresarte con total seguridad que Dios te ama y que no tienes por qué transitar esto en soledad.

Introducción

Los secretos siempre pasan factura

Hola. Me llamo Lysa y he pasado por un divorcio. Por mucho tiempo, me fue imposible pronunciar esas palabras. No podía asimilar que la palabra *divorcio* estuviera vinculada con mi vida. Jim, mi terapeuta, me propuso entonces reemplazar esa palabra por «la muerte de mi matrimonio». Si bien eso me ayudó, un mero cambio de terminología no redujo mi estupor ni mi dolor.

Recuerdo la noche cuando me di cuenta de que el final se acercaba. Estaba intentando procesar lo que había ocurrido ese día. No estaba llorando. Me resultaba extraño no estar desplomada sollozando. No sé si era porque me había quedado sin lágrimas, porque contenerlas me daba cierta sensación de control para no desmoronarme, o porque sentía alivio al entender por fin la realidad. Lo que sé es que, apenas sentí ese alivio de conocer la realidad, me vino un miedo a lo irreversible.

La claridad no me dio consuelo, pero sí me dejó ver lo que necesitaba ver para saber qué debía hacer.

Estaba sentada sobre la cama, con la vista clavada en la ventana. No podía quitarle los ojos al cielo nocturno. Sin embargo, no miraba el paisaje. No miraba nada. Estaba cayendo en cuenta de lo que había reprimido por mucho tiempo. En lugar de expulsar de mi mente la idea del divorcio, comencé a aceptarla. Odiaba esa idea, pero salvar este matrimonio ya no era opción.

El baile disfuncional se había intensificado de nuevo. Ya me sabía los pasos. Sabía que las promesas de mi esposo eran frívolas y que se venían otra vez los giros violentos. Sabía con exactitud adónde nos llevaría la coreografía y que por arte de magia no saldría mejor en esta ocasión. Sabía que la única manera de permanecer era hacer de cuenta que no veía lo que veía y que no conocía lo que ahora conocía; y fingir que ese nivel de congoja permanente no me estaba destrozando. Sin embargo, si hubiera hecho eso, los secretos de mi esposo se habrían convertido en secretos míos, y yo no estaba dispuesta a que sucediera eso.

Jim, mi terapeuta, que siempre me permitió ir sacando mis propias conclusiones, me enseñó que los secretos enferman. ¡Eso captó mi atención! Antes de conocer a Jim y a otro terapeuta que me atendió, pensaba ser una buena esposa por guardarme mis sospechas y luego la confirmación de cuestiones alarmantes. En parte fue porque, al comienzo de la implosión de mi matrimonio, aún no tenía pruebas firmes de lo que me preocupaba. Sin embargo, al ir descubriendo cada vez más cosas, de todos modos no se lo comenté a casi nadie, porque me paralizaban los miedos y no sabía en quién podía confiar para que me ayudara. También sabía que las consecuencias de las decisiones de mi esposo afectarían, no solo a él, sino a toda la familia. Es decir, para mí yo no había estado guardando secretos, sino intentando cuidar nuestro pequeño mundo y tomando decisiones superdifíciles en una situación que me superaba.

Sin embargo, reprimir todo eso me estaba enfermando física y emocionalmente. Tampoco necesitaba hablar esto con todo el mundo, pero debería haberme abierto con algunas personas confiables que me ayudaran a pensar con más claridad. Por intentar proteger nuestro matrimonio, me terminé desprotegiendo yo. Esconder los secretos me salió sumamente caro.

No existen los secretos que no pasen factura.

Todos tienen su costo, su impacto sobre quien los guarda.

Al no abrir la boca, en esencia, impedí que mi esposo afrontara las consecuencias de sus decisiones. Hoy puedo apreciar que eso no fue positivo en absoluto. Sí, por un tiempo guardar los secretos nos protegió a mí y a mis hijos del sufrimiento de exponer a mi esposo, pero luego el costo fue más grande por cómo todo se prolongó y empeoró en ese tiempo.

A veces, cuando impedimos las consecuencias naturales de algo, no permitimos que Dios emplee esas consecuencias para generar algún tipo de arrepentimiento.

De nuevo, no propongo que hablemos con todo el mundo de lo que nos sucede e invitemos a todos a opinar sobre nuestro mundo privado, pero hablar con las personas correctas es crucial. Si pensamos que honramos a nuestro esposo al no hablar, en esencia, estamos honrando lo deshonroso. Por eso, cuando Jim me dijo que los secretos pueden enfermarnos, me di cuenta de que no había estado protegiendo nuestro matrimonio, sino impidiendo que recibiéramos la ayuda que necesitábamos con desesperación.

De todos modos, debe quedarte en claro que comprendo el miedo que da hablar de nuestros problemas y el miedo a lo que podría desatarse en tu vida. También comprendo que hay que tomarse el tiempo para evaluar el costo de hablar y el costo de callar. Solo tú puedes tomar esa decisión. Yo quisiera no haber esperado tanto para hablar con otras personas de esto. Creo que prolongué mi sufrimiento, y dejé pasar la oportunidad de entregarle mi esposo a Dios y así abandonar la locura de intentar cambiarlo yo.

¿Te identificas con mi historia? ¿Has expresado algo de lo siguiente?

«No entiendo cómo no ve lo que yo veo».

«No me entra en la cabeza por qué hace esto».

«Yo nunca le haría esto a un ser querido».

«¿No ve lo que la destrucción de la familia causará a nuestros hijos?».

Me llevó mucho tiempo dejar atrás esas expresiones. Claro que no lo puedes entender, porque tú no piensas como piensa él, tú no haces lo que hace él y tú no estás cegada por ese comportamiento de él.

Las elecciones enfermizas nunca tienen lógica para la persona sana, y a la salud le cuesta mucho generar un vínculo con la enfermedad. No hallaremos lógica en las cuestiones ilógicas. No surgirán resultados normales si usamos ingredientes disfuncionales. No lograremos el orden con alguien siempre atraído por el caos. No se puede avanzar de la mano con alguien que siempre va en el sentido contrario. Finalmente llega el día en que la conexión se pierde y, por más que intentes mantenerla con todo tu ser, termina ganando la determinación del otro para alejarse.

> **Las elecciones enfermizas nunca tienen lógica para la persona sana.**

Cuando por fin recurrí a Jim, mi terapeuta, él comenzó a equiparme con consejos para ayudarme a comprender mejor la situación. Un día, tomó un vaso de agua y señaló: «El agua busca estar nivelada». Apoyó el vaso en una mesa e indicó que el agua del costado izquierdo del vaso estaba nivelada con el agua del costado derecho. La única manera de que un costado estuviera más elevado que el otro era inclinar el vaso, pero el vaso inclinado no hallaría estabilidad y se caería. Lo mismo sucede en las relaciones cuando uno de los dos se esfuerza por tener una relación más sana y el otro se niega: es sumamente probable que la inestabilidad haga caer la relación.

Es una locura seguir bebiendo el veneno que alguien te da y esperar sobrevivir por los demás aspectos positivos de la relación.

Esa noche en que tenía la vista clavada en la ventana, entendí esta realidad y comencé a tener la fortaleza emocional para dar el paso más difícil de mi vida. Aunque sabía que era un paso necesario, me sentía más sola que nunca y lo único que quería era escribirle a mi esposo para pedirle que volviera a casa. Toda mi vida adulta, él había sido quien quería que me acompañara al procesar cuestiones difíciles. Desde mi perspectiva, él siempre se había compenetrado tanto como yo con lo que me afectaba. Siempre pensé que afrontaríamos las dificultades de la vida *juntos*, y que las analizaríamos y las resolveríamos *juntos*. Era lógico que quisiera escribirle.

No obstante, yo ya había estado en esa situación. Con miedo. Sola. Relativizando lo que seguía sucediendo. Extrañándolo. Pensando que esta vez sería diferente. Cediendo. Escribiéndole. Ilusionándome cuando me escribía todo lo que quería que me escribiera. Creyendo que ese bombardeo amoroso era evidencia de un cambio real. Recibiéndolo de nuevo. Disfrutando de una breve etapa de reconciliación. Bajando la guardia. Sintiéndome otra vez protegida e ilusionada.

Luego surgía la extraña sensación de que algo marchaba mal de nuevo: los miedos, las sospechas, la búsqueda de pruebas, las acusaciones de que estaba loca y las dudas de si de hecho estaba loca. El enfrentamiento volvía a dejar nuestra vida patas arriba. Yo sobrevivía a duras penas y me envolvía la desesperanza.

Allí estaba de nuevo ahora.

Otra vez en el fondo del mar.

Entonces aparecieron las lágrimas. Guardé el teléfono en el cajón de la mesa de noche y me recosté en la oscuridad, donde me aguardaba una noche de sueño escaso e intermitente. Exclamar al fin *basta* tendría un costo. Parte de ese costo era que él ya no sería parte de mi vida. Yo iba a pagar por finalmente tomar la decisión de irme, pero el costo de quedarme era demasiado para mi cuerpo, mi mente y mi corazón. No me estaba rindiendo, sino aceptando por fin la realidad de que es imposible cambiar un matrimonio si uno de los dos no tiene voluntad o no es capaz de efectuar esos cambios tan necesarios. Por eso, crucé la línea imaginaria y me aventuré a un terreno desconocido. En esos días, escribí lo siguiente en mi diario personal:

> Tengo mucho miedo. Estoy desconsolada y devastada. Por años intenté evitar esta realidad que hoy me toca vivir. Me siento pésima, perdida y sumamente sola. Cuando estoy rodeada de gente es aún peor. Ese es en realidad el lugar más solitario para mí, porque veo a personas felices con su vida y eso me desestabiliza. Yo era una de ellas, con cierta idea de hacia dónde iba mi vida, pero estaba equivocada. Me encantaba pensar en el futuro. Ahora solo veo una neblina cerrada, incertidumbre. Quiero seguir adelante, pero ¿adónde puedo ir? ¿En qué dirección es adelante? ¿Cómo vive una cristiana que está por divorciarse?

Para poder tomar la decisión de divorciarme, debí atravesar un largo proceso.

En 2016, me di cuenta de que mi esposo me era infiel. En 2017, anuncié que nos divorciaríamos. En 2018, intentamos reconciliarnos, hicimos mucha terapia y renovamos los votos. En 2019, comencé a percibir que otra vez algo andaba mal, y ya hace casi seis años de que me convencí de que mi matrimonio acabaría.

El proceso y los plazos son diferentes para cada persona. Quizás tú estés aún en pleno estupor y dolor de descubrir algo o de darte cuenta de que tienes un matrimonio destructivo y no sabes bien qué hacer, quizás estás en medio del caos del divorcio, o quizás has tomado la valiente decisión de seguir procesando un divorcio de hace varios años y seguir sanando. Sea cual sea tu circunstancia, me encanta que estés leyendo esto. Sé de primera mano que el camino es largo y doloroso, pero mi ilusión es que halles en mí una amiga que en las páginas de este libro te ayude a sanar y te guíe a la redención que quizás ya considerabas imposible para ti.

Hoy siento gratitud por vivir una realidad diferente. Al estar en otra etapa, en parte solo quiero seguir adelante y dejar atrás todo lo relacionado con el divorcio, pero casi todas las semanas recibo un mensaje de alguna mujer. Ya sea porque su vida ha quedado destrozada por secretos que no conocía de su esposo. O porque está destruida por el nivel que alcanzó el abuso físico o sexual que sufre de su cónyuge iracundo. O porque no tienen dinero para pagar las cuentas debido a los gastos ocultos de su esposo en actividades que van en contra de los votos nupciales sin que él muestre intenciones de poner fin a semejante traición. O porque tiene miedo de hablarle a alguien de las cosas que hace él, ya que él afirma una y otra vez que ella no vio lo que vio o que no escuchó lo que escuchó, y entonces ella está comenzando a pensar que está loca. O porque se animó a hablar con alguien luego de que él la acorralara y se rompiera la mano al golpear la pared, pero luego sintió que era todo culpa de ella al escuchar cosas como «no lo provoques», «no generes conversaciones difíciles», «deberías tener más relaciones sexuales con él» y «¿qué podrías mejorar tú para que él se comporte mejor en el hogar?».

Sea cual sea la dinámica tóxica, debemos recordar lo que me enseñó mi amiga Leslie Vernick: hay una gran diferencia entre un matrimonio difícil y un matrimonio destructivo. Un matrimonio difícil nos da un buen motivo para ir a terapia y a conferencias para matrimonios, a fin de trabajar juntos en la situación. Un matrimonio destructivo es algo totalmente distinto.

Es una manera sombría de arrancar un libro pero, si no soy sincera en cuanto a cómo me sentía, tu congoja no te permitirá confiar lo suficiente en mis consejos. Ahora, más que enseñarte algo quiero que te sientas comprendida. Por eso me encanta que estés leyendo esto. Ojalá halles en estas páginas lo que necesitas y no tengas que pasarte noches googleando, intentando averiguar qué hacer ahora. Estás atravesando una tragedia importante que nos cambia la vida y quiero que sepas que no estás sola.

Vengo acompañada de las dos personas que más me ayudaron en mi proceso: mi terapeuta, Jim Cress, quien participará al final de cada capítulo en «El rincón del terapeuta», y un amigo teólogo, el Dr. Joel Muddamalle, quien nos dejará sus aportes a lo largo de todo el libro. Si hace poco te ha lastimado algún hombre, espero que la sabiduría bíblica y la cálida voz de aliento de Joel y Jim tengan un efecto redentor en tu vida. ¡No veo la hora de que comiences a aprender de ellos!

Juntos, queremos llevarte de la mano hacia la sabiduría real, ayudarte a seguir sanando y equiparte con verdades bíblicas firmes. Ya sea que tu historia sea parecida a la mía o el motivo de tu divorcio sea diferente, queremos participar de tu proceso, queremos ayudarte a hallar el rumbo.

También quiero señalar algunas cuestiones especiales para incluir a todos quienes puedan beneficiarse de este mensaje.

Como mencioné antes, está claro que si estás en pleno proceso de descubrir una infidelidad y en plena implosión de tu matrimonio con un divorcio en el horizonte, este libro es para ti. Sin embargo, también es para las mujeres cuyos esposos no las engañaron, pero sí quebrantaron los votos nupciales de otras maneras destructivas. Eso lo trataremos de manera específica en el capítulo 4, «¿El único motivo válido para divorciarse es la infidelidad sexual?». Es mi oración que el doctor Joel traiga claridad a los pasajes de la Escritura que quizás te generen confusiones o que te hagan sentir que abandonar ese matrimonio emocionalmente destructivo no fue una decisión bíblica. Queremos quitarte ese peso de la vergüenza que tal vez estés cargando.

Este libro también es para quienes se divorciaron hace varios años y ya no están tan abrumadas como antes por el dolor. La mejor manera de explicar por qué este libro ayudará a esas personas es como lo hizo una vez una profesora de mi hija, que me mostró un gráfico con todas las lecciones básicas que los niños deben tener claras para avanzar con éxito los siguientes años. Mi hija había omitido algunos de esos pilares, por lo cual le estaba costando atravesar la segunda mitad de la primaria. La profesora la ayudó a ir hacia atrás para colocar todos los pilares necesarios de la pirámide educativa. Eso llevó tiempo, pero luego su rendimiento escolar mejoró drásticamente. Creo que este libro será un ejercicio similar para ti.

Por último, este libro es para la persona que quiere comprender mejor cómo ayudar a su amiga que está afrontando un divorcio. Lee este libro con ella. Asimílalo con ella. Intenta entender lo que está atravesando para poder ayudarla. Ella no tiene por qué afrontar esto sola, y tú puedes ser la persona de su vida más utilizada por Dios en este momento. No hace falta que aportes

Introducción | xv

sabiduría propia. Simplemente acompáñala en la lectura de este libro para aprender juntas.

Más allá de por qué tengas este libro, me encanta que estés leyéndolo. No puedo prometerte que te voy a dar todas las respuestas que buscas sobre lo sucedido, pero sí puedo ayudarte a hallar las respuestas que necesitas para seguir adelante de un modo más sano.

CAPÍTULO 1

Un hogar partido en dos

En los años anteriores a la implosión de mi matrimonio, no hablábamos con mis amigos de las cosas que hoy tratamos con Jim y Joel en nuestro pódcast, *Therapy & Theology* [Terapia y teología]. En ese entonces, no conocíamos la terminología para lo que estábamos viviendo. No sabíamos cómo conversar de la enorme variedad de trastornos de la personalidad que pueden complicar muchísimo los problemas maritales habituales. Tampoco sabíamos cómo detectar los patrones disfuncionales de las adicciones, de la manipulación psicológica y del abuso emocional, o el efecto del trauma emocional sobre el cuerpo.

Sin embargo, seamos sinceras: no éramos muchas las que hacíamos terapia en esa época.

En ese momento, estaba en plena crianza de cinco hijos y no era consciente de algunos patrones muy preocupantes de mi matrimonio. Me había acostumbrado a la disfunción de mi vida. Por eso, como toda buena cristiana, seguía el mantra de que, al amar a mi esposo, respetarlo y estar decidida a alentarlo en lugar de confrontarlo, estaba haciendo todo lo posible por cuidar el matrimonio. También pensaba con mucha frecuencia en que el estrés de la crianza se reduciría a medida que los niños crecieran y que entonces todo se acomodaría para bien.

Amar, respetar y alentar son todas acciones positivas y bíblicas para nuestras relaciones con otras personas, pero también estaban sucediendo otras cosas y nos hubiera venido bien el aporte de alguien capacitado. Para colmo, yo empeoraba nuestros problemas asumiendo un rol de facilitadora codependiente.

No pases eso por alto: yo contribuía a esa disfunción.

De todos modos, no era consciente de eso, aunque sí era consciente de una sensación horrible e inquietante de que algo andaba mal. Algunas cosas no tenían lógica.

Una vez, en medio de la noche, me desperté con una sensación urgente de que debía ir a la cocina en ese instante. Mi esposo estaba en la cocina y se sobresaltó muchísimo cuando me vio en la puerta observándolo. Enseguida se metió un aparato en el bolsillo del pantalón. Le pregunté qué era y de inmediato me respondió que era un control remoto. Yo sabía que no era verdad, así que le pedí que me lo mostrara. Él se negó, lo cual dio lugar a una discusión tras la que, otra vez, acabé sintiéndome la loca. Recuerdo volver a la cama sintiéndome en una pesadilla. Estaba mareada y el corazón se me aceleró tanto que apenas dormí aquella noche.

¿Por qué no llamé a alguien al día siguiente? ¿Por qué no alerté a alguna amiga confiable y le pedí ayuda? ¿Por qué no recurrí a un terapeuta, a nuestro pastor o algún amigo de mi esposo para que me ayudara a averiguar toda la verdad?

No lo sé.

Supongo que en parte me daba miedo que, de estar equivocada, le estaría dando a mi esposo algo para usar en mi contra y probar que, de hecho, sí estaba viviendo con una loca. La mera idea de indagar en qué andaba mi esposo me parecía increíblemente deshonrosa, incorrecta y escalofriante. Además, si él me llegaba a descubrir, lo más probable era que eso trastocara en grande el matrimonio, y si mis sospechas estaban erradas yo quedaría como una tonta celosa en lugar de una esposa que solo quería saber la verdad. En parte, también tenía miedo de que no me creyeran porque él gozaba de amplio respeto en ese entonces, pero la principal razón es que no quería que mis sospechas fueran verdad, ya que eso me obligaría afrontar una realidad que me aterraba.

Si yo elegía creer que se trataba de un control remoto, esa noche habría sido solo una confusión de mi parte que lo puso de malhumor.

Si yo elegía creer que era un teléfono que nunca le había visto, esa noche pondría de cabeza nuestra vida familiar y sería la prueba de que mis peores miedos eran justificados.

Entonces, me quedé callada.

A lo largo de todo ese año, busqué ese «control remoto», pero nunca lo encontré. Además, todas las veces que tuvimos nuestras salidas a solas, hicimos devocionales familiares, lo pasamos bien de vacaciones, tuvimos charlas profundas de la mano, nos acurrucamos a ver las noticias por la noche y nos relatamos cómo nos fue en el día me dieron una sensación de normalidad como para comenzar a sentir una enorme culpa por mis sospechas.

Ese año fue un continuo ciclo de sentir que el problema era yo hasta que sentía que el problema era él, para luego sentir que era yo otra vez y luego sentir que el problema era el que a veces sospechaba.

Alguna vez alguien me señaló que el diablo siempre tienta demasiado a la suerte. En otras palabras, que el pecado puede ocultarse por un tiempo, pero siempre acaba siendo expuesto. Sé que algunas mujeres nunca consiguen pruebas de qué hizo con exactitud su esposo, pero ten en cuenta lo que me enseñó Jim: «cuando el río suena, agua lleva». Quizás nunca tengas en claro qué hizo tu esposo, pero tarde o temprano su carácter quedará expuesto. A veces, eso lleva muchísimo tiempo. A mí, me llevó un año tras aquella noche de la cocina.

Al año siguiente, el fin de semana de la boda de nuestra hija, por fin encontré el aparato: sí, era un teléfono que mi esposo usaba para comunicarse con su amante. Lo confronté y al fin reconoció que había otra mujer. Me ahorraré los detalles del resto de sus palabras: las excusas, cómo minimizó el hecho y cómo quiso manipularme emocionalmente. Basta decir que, a pesar de todo lo que callé y cómo intenté mantener la paz en la relación, algunos de mis mayores miedos se hicieron realidad.

Quizás tú hayas tenido una experiencia similar de sentirte loca hasta darte cuenta de que todo era parte del encubrimiento. No sé cómo fue tu historia pero, más allá de si hubo un amorío u otra cuestión destructiva en tu matrimonio, quiero dedicar este momento para dejarte totalmente en claro que te creo. Te creo que hiciste todo lo posible, y quizás mucho más, por salvar tu matrimonio. Te creo que no querías esto.

Somos muchas las mujeres que amamos a Jesús, las que intentamos con desesperación mantener unida nuestra familia, las que no pudimos detener toda esa confusión causada por los secretos de nuestro esposo, las que soportamos cosas que no deberíamos haber sufrido, las que le rogamos a Dios que las cosas fueran distintas, pero que a fin de cuentas terminamos frente a esos papeles del divorcio.

¿Hay cosas de las que debamos hacernos cargo? ¿Cometimos errores? ¿Usamos palabras indebidas por la ira y la frustración? ¿Fuimos codependientes? ¿Fuimos facilitadoras de la situación? En mi caso, sí, sin lugar a dudas, y eso hubiera sido un buen motivo para ir a terapia y tratar la responsabilidad de los dos. Sin embargo, ¿fui una esposa fiel que quiso hacer todo lo posible por tener un buen matrimonio? Sí.

Sospecho que tú también. ¿Somos imperfectas? Sí. ¿Merecíamos lo que nos pasó? No.

En Carolina del Norte, el estado donde vivo, hay que esperar un año y un día tras la separación para iniciar el proceso de divorcio. Entonces, decidí aprovechar ese año para ver qué sucedía si me apartaba por completo de la ecuación de toma de decisiones de mi esposo. Dejé de advertirle lo que le sucedería a nuestra familia, de intentar reparar lo que yo no podía reparar. En cambio, ese año me dediqué a sanar yo.

Dejar de ejercer influencia en su vida me dio la oportunidad de ser una observadora en lugar de ser la salvadora. Al fin y al cabo, obtuve la perspectiva clara que necesitaba. No todo lo clara que quería, pero fue suficiente para tomar las decisiones que sabía que debía tomar. Cuando llamé a mi abogada para avisarle que era hora de iniciar el proceso, fue como una experiencia sobrenatural. Mi cuerpo emitía palabras que mi alma no podía procesar del todo. Me había esforzado tanto por cuidar lo que teníamos y ahora iba a firmar los papeles necesarios para vivir separada de él.

Le había rogado a Dios que le abriera los ojos y lo hiciera querer cuidar nuestra familia, que le hiciera ver lo que él estaba sacrificando.

¿Por qué no lo angustiaba dejar de disfrutar con nosotros todas esas tradiciones tan preciosas?

¿Por qué no pensaba en todos los momentos de la vida que nuestros hijos y nietos deberían transitar con dos padres separados, dos hogares diferentes, dos vidas aparte?

¿Por qué no recapacitaba sobre las consecuencias futuras: las dificultades, el dolor y el efecto dominó que sufriríamos todos por muchos años?

La imagen que me venía a la mente todo el tiempo era la de un hombre y una mujer mirando desde la acera cómo se iba a partir en dos el hogar que solían compartir. Él quería la mitad de la izquierda. A ella le quedaría la de la derecha. Entonces una motosierra gigante cortaba la casa por la mitad. El hombre recibía la mitad que quería, pero no había tenido en cuenta que la división de todas las conexiones internas haría que muchas otras cosas dejaran de funcionar. Las tuberías cortadas derramaban agua por todas partes, los conductos del gas abiertos generaban un peligro enorme, el interior del hogar quedaba expuesto a las inclemencias del tiempo y los cimientos ya no estaban firmes.

Desde luego, con el tiempo y quizás con la ayuda de personas que sepan de reparaciones eso se podría arreglar, pero la vivienda nunca volvería a ser la misma. Lo más probable era que hubiera que derribar todo, con pérdidas incalculables.

Las pérdidas. Todo lo que iba a perder. ¿Por qué no lo tuvo en cuenta? Y si, peor, lo tuvo en cuenta, ¿qué podía haber hallado que valiera semejante costo?

Esas preguntas exasperantes sin respuesta me generaron muchas noches de insomnio y un terror a tener que afrontar cada día. De todos modos, en lo profundo del corazón, una de las preguntas más agobiantes era *¿por qué no fui suficiente para él?* No lo interpretes como una súplica patética. No era eso, sino más bien una lucha en lo profundo de mi ser. En mi mente, trazaba una línea recta entre su rechazo y mi inseguridad.

Todos tenemos características que nos gustaría no tener. No voy a darles entidad a esos pensamientos negativos haciendo una lista aquí. Yo conozco los míos y tú conoces los tuyos. Nos parece tan racional pensar que si no tuviéramos esas características habríamos vivido un matrimonio diferente. Sin embargo, si bien fomento siempre que busquemos llegar a nuestra mejor versión, no aporta nada taladrarnos la cabeza con la culpa y terminar evaluándonos a nosotras mismas en función de la suma de todas nuestras fallas.

No obstante, a veces no solo sufrimos la inseguridad, sino también todos los comentarios negativos recibidos que parecen confirmar nuestra peor impresión de nosotras mismas. Nuestra inseguridad viene de a ratos a nuestra mente y luego se va, pero, cuando alguien cuya opinión nos importa habla mal de nosotras, el comentario negativo se convierte en una convicción firme que pasamos a tener sobre nosotras. Entonces, cuando surge otra situación difícil, recordamos esa convicción errónea y nos convencemos aún más de que en verdad no somos suficiente para él. O peor, nos convencemos de que al final sí éramos una esposa desequilibrada, loca, por quien no vale la pena quedarse a luchar.

Mirando hacia atrás, ¿sabes qué me entristece mucho? Haber permitido que este hombre que me mintió una y otra vez fuera en mi vida la voz de la verdad en cuanto a lo que valgo. Vuelve a leer esa frase: haber permitido que este hombre que me mintió una y otra vez fuera en mi vida la voz de la verdad en cuanto a lo que valgo. Si él no me decía la verdad sobre adónde iba, con quién se encontraba, qué estaba haciendo y por qué estaba frío y distante, ¿cómo pude haber pensado que era la fuente de verdad sobre mi persona? Si su capacidad de análisis lo llevó a optar por dejar a su familia, su análisis sobre mí no debería tenerse en cuenta a la hora de evaluar lo que valgo y el estado de mi salud mental.

Aunque no tengas problemas de autoestima en este momento, es probable que en este tiempo te digan o se hablen de ti cosas que te hagan cuestionarte aspectos de tu vida. Yo tuve que hacer mucha terapia para dilucidar qué era verdad y qué no. Eso fue crucial, no solo para sanar del pasado, sino también para avanzar hacia el futuro. Varias de esas prácticas terapéuticas las veremos más adelante en este libro, pero la clave es esta: debemos considerar la fuente cada vez que alguien expresa su evaluación de nosotras como persona o de nuestras decisiones.

Siento la imperiosa necesidad de protegerte y aconsejarte en cuanto a lo que debes permitir que se hable de ti ahora que estás sensible y acongojada. Una buena regla sería la siguiente: si proviene de alguien confiable que anhela profundamente tu bien y se acerca con humildad y gracia, siempre debes considerarlo; pero, si proviene de alguien con intenciones ocultas, debes tener sumo cuidado y cautela para no aceptar que eso se anide en tu mente ni en tu corazón.

Un comentario sobre nosotras puede convertirse con facilidad en una mentira que nos creamos, para luego transformarse en una etiqueta autoimpuesta. Esas etiquetas que nos colocamos pueden tornarse en lastres para futuras relaciones.

> Un comentario sobre nosotras puede convertirse con facilidad en una mentira que nos creamos, para luego transformarse en una etiqueta autoimpuesta.

Es importante darse cuenta de eso y resolverlo.

No estás obligada a descubrir cada mentira y llegar hasta la raíz de cada cuestión, aunque es mi ilusión que recorrer estas páginas conmigo te ayude en parte con eso. Ahora, más allá de las circunstancias de tu dolor, me gustaría ponernos de acuerdo en algunas cosas:

- Si te encaminas a un divorcio no deseado, es evidente que tu esposo ya no anhela tu bien.
- Algunas cosas que te dijo pueden haber sido motivadas por el relato negativo que escribió sobre ti en su mente.

Ese relato negativo puede no ser verdad, pero es lo que debe afirmar para justificar sus acciones.
- A veces, la gente que vive en pecado cambia su concepto de «verdad» para transformarlo en lo que sea que proteja su mal comportamiento, más allá de cuál sea la realidad.
- A veces, te culparán por elecciones de tu ex con las que no tienes nada que ver. Tú no tienes por qué cargar esa responsabilidad. El pecado de él no siempre es evidencia del pecado tuyo.
- Estamos en medio de una batalla espiritual. Nunca olvides que Dios tiene un plan, pero el enemigo también. El enemigo quiere robar, matar y destruir (Juan 10:10), y una de sus tácticas más eficaces es destruir las familias.

No te equivoques: el divorcio y lo que lleva al divorcio tiene que ver con las personas, pero no debemos responsabilizarnos como persona por cada aspecto de lo que suceda, porque hay muchas cuestiones que influyen. Algunas las conocemos y otras no. Quizás algunas tengan que ver contigo, pero no todas, y es fácil olvidarse de eso.

Cuando recordemos esos cinco puntos, podremos comenzar a ver nuestra circunstancia con más claridad, detectando más rápido la diferencia entre una verdad y una mentira, y podremos dejar de culparnos de gran parte de lo sucedido.

Tú vales mucho más que una vivienda partida en dos.

Tú eres mucho más valiosa que un hombre que intentó arruinarte porque su propia alma estaba en ruinas.

Tú puedes abandonar el pensamiento derrotista de *no soy suficiente para él* y reemplazarlo con *me convertí en más de lo que él merecía*.

EL RINCÓN DEL TERAPEUTA, CON JIM

He hallado mucha confusión con respecto a la palabra *codependencia*. Veo que la gente parece usarla de más o no usarla lo suficiente. Yo la definiría como «un exceso de compasión». La compasión es buena hasta que se transforma en un intento de reparar a otra persona.

Si la codependencia es el exceso de compasión, desglosemos la palabra *compasión*. «Con» (la «n» se transforma en «m» por una cuestión fonética) es un prefijo que significa acompañamiento, mientras que «pasión» puede definirse en un sentido como «padecimiento» (piensa en la pasión de Cristo). Entonces, *compasión* significa literalmente «padecer con».[1] La preposición «con» tiene suma importancia aquí. Podemos sentarnos *con* un ser querido que está sufriendo, pero nuestra responsabilidad no es sufrir «en su lugar».

En Gálatas 6:2, el apóstol Pablo nos indica: «Ayúdense unos a otros a llevar sus cargas». Luego, en el versículo 5, Pablo nos recuerda: «Que cada uno cargue con su propia responsabilidad». Esto puede generar confusión, porque parece contradictorio. Las palabras en griego *koiné* nos ayudan a aclarar la situación. La palabra para «cargas» de Gálatas 6:2 es *baros*. Ese término hace referencia a una persona sobrecargada, con demasiado peso para sí misma.[2] Entonces, cuando Pablo nos llama a ayudarnos a llevar los unos las cargas de los otros, nos está llamando a ayudar cuando el prójimo está sobrecargado y no puede con tanto

10 | Cómo sobrevivir a un divorcio no deseado

peso. En Gálatas 6:5, en cambio, la palabra griega para «carga» es *fortíon*. Ese es otro término que hace referencia a la carga normal que transporta un buque, o a la mochila de un soldado.[3] Es decir que estamos llamados a llevar nuestras propias cargas cuando sean cargas razonables para uno.

Muchas veces, en la codependencia, en especial de las relaciones íntimas, una persona se esfuerza por ayudar al otro a llevar la carga normal que debería llevar solo. *Quizás si me esfuerzo más mi esposo cambie. Quizás si hago esto o aquello mi esposo deje de beber, de mirar pornografía o de maltratarme de manera verbal y emocional.* Siempre recuerda que no puedes ser la solución externa del problema interno de otra persona.

Un ejemplo de codependencia sería el siguiente: «Necesito que estés bien, para estar bien yo. Entonces, ¿cómo puedo ayudarte a estar bien, para yo estar bien? Porque quiero estar bien, ¿está bien?». ¿Detectas el patrón de la persona codependiente? Intenta regularse a sí misma tratando de regular a otra persona.

He aprendido que muchas cristianas se hallan en ese ciclo de codependencia sin siquiera darse cuenta. Muchas de mis clientas que tienen buenas intenciones y anhelan un matrimonio piadoso se tornan codependientes sin advertirlo cuando adoptan este tipo de mentalidad: «Si quieres priorizar tu matrimonio, debes priorizar las necesidades de él por sobre las tuyas». O bien, en los casos más graves, interpretan el concepto bíblico de *someterse* como no tener ninguna necesidad propia. Para ellas, el llamado a las esposas a someterse que vemos en Efesios 5:22 las deja sin derecho bíblico a establecer límites cuando el esposo las lastima.

El otro mensaje que las cristianas pueden escuchar de manera reiterada en su mente es el siguiente: «La Biblia te exige respetar a tu esposo más allá de todo. Si quieres amor, primero debes respetarlo». Sin embargo, la Escritura no indica en ningún lugar que Dios nos llame a honrar lo que lo deshonra a Él. Respetar a tu esposo puede ser algo bueno, hasta que esa palabra se tergiversa para que signifique participar del baile disfuncional de la facilitación codependiente. Respetarlo no debería significar encubrirlo para que, ante los demás, parezca más respetable de lo que es.

La meta de atender la codependencia no es curarla, sino estar cada vez más conscientes de si nos acercamos al exceso de cosas como la compasión, el respeto y el sometimiento.

Si todo esto te suena familiar, déjame explicarte con toda ternura que es sumamente natural y comprensible que intentaras hacer eso por amor. Tu impulso de intentar proteger a tu familia era bueno. Trataste de honrar y respetar a tu esposo, ante todo, para ser una esposa excelente. En lugar de culparte por eso, empleemos esa información para tomar consciencia ahora. Recuerda que tomar consciencia suele llevarnos a cuidarnos mejor.

Si has sido codependiente en el pasado, confiésaselo a Dios y perdónate. Recuérdate esto: si fuiste fiel en tu matrimonio, honraste tu parte del contrato y el pacto marital. Entrégale a tu esposo o exesposo a Dios. Luego, toma medidas para combatir activamente esa codependencia. Aquí tienes unas buenas palabras para recordar durante esa búsqueda de recuperar la capacidad de concentrarte en ti misma, en lugar de los demás: «Yo no lo causé, no lo puedo controlar y no lo puedo resolver».[4]

CAPÍTULO 2

¿Y mi pacto ante Dios?

Hola. Soy Joel. Nunca experimenté la muerte de mi matrimonio, pero he visto desde primera fila las enormes complicaciones y dificultades del matrimonio de mis padres y además la tragedia del divorcio en el resto de mi familia. Aún más doloroso para mi esposa y para mí es tener amigos que se casaron alrededor de la época en que nos casamos nosotros y ver que la gran mayoría ya no están juntos.

Cuando busco el motivo de tantas tragedias, hallo un denominador común en todas las historias: la presencia del pecado, que suele revelarse en las adicciones, los actos egoístas y, a fin de cuentas, el desprecio por la imagen de Dios en cada uno de nosotros. Más adelante profundizaremos en esto.

Primero, debo decirte que sí, soy el teólogo que aportará reflexiones y perspectivas bíblicas en este proceso, pero ante todo debo confesarte que me sensibiliza mucho la realidad que te toca vivir. Cuando uno está frágil, necesita escuchar una voz tierna. Me comprometo a ser esa voz para ti.

Si bien este libro es sobre la muerte de un matrimonio, debemos comenzar por entender que un matrimonio está compuesto por dos personas diferentes. Dos portadores de la imagen de Dios. Ese es el pilar bíblico al que nos debemos aferrar en el resto de estas páginas. ¿Qué significa ser portadores de Su imagen? Para responder, debemos comprender un principio teológico importante denominado *imago Dei*. Es un término sofisticado del latín que se traduce sencillamente como «la imagen de Dios».

Yo definiría la imagen de Dios como un estatus irrevocable regalado a la humanidad, que nos marca y nos separa de los demás seres creados como hijos del Rey. En otras palabras, solo los seres humanos reciben el regalo de ser hechos a imagen de Dios. Ninguna otra criatura o creación recibe ese regalo. Según el teólogo Herman Bavinck: «Nada en un ser humano está excluido de la imagen de Dios. Aunque todas las criaturas lucen vestigios de Dios, solo el ser humano es la imagen de Dios».[1] En otras palabras, toda la creación refleja de alguna manera la belleza de Dios, pero solo el ser humano exhibe todo el esplendor de Su imagen.

La referencia bíblica clave para esto es Génesis 1:26-28:

> Luego dijo Dios: «Hagamos al ser humano a nuestra *imagen* y *semejanza*. Que tenga dominio sobre los peces del mar y sobre las aves del cielo; sobre los animales domésticos, sobre los animales salvajes y sobre todos los animales que se arrastran por el suelo».
>
> *Y Dios creó al ser humano a su imagen;*
> *lo creó a imagen de Dios;*
> *hombre y mujer los creó.*

Y Dios los bendijo con estas palabras: «¡Sean fructíferos y multiplíquense; llenen la tierra y sométanla; dominen a los peces del mar y a las aves del cielo, y a todos los animales que se arrastran por el suelo!». (Génesis 1:26-28, énfasis añadido)

No te asustes. Te prometo que esto no se tornará demasiado académico, pero necesitamos explorar el contexto bíblico fundacional, a fin de que puedas comprender plenamente lo que Dios quiere que sepas. Ese entendimiento será fuente de gran consuelo para tu alma. Además, puede ser fuente de verdades tranquilizadoras para otras mujeres obligadas a avanzar hacia un divorcio no deseado.

Me gustaría dirigir tu atención a dos términos hebreos del pasaje anterior: *tsélem* y *demút*, que se traducen al español como «imagen» *(tsélem)* y «semejanza» *(demút)*. Esos términos tenían un significado sumamente especial en el Antiguo Oriente Próximo (el contexto social, histórico y cultural del Antiguo Testamento). Se empleaban para describir a la realeza humana y su relación con lo divino.[2]

Ahora detengámonos a leer lo que dice en concreto el texto. ¿Quiénes fueron hechos a imagen de Dios? ¿Adán nada más? No. ¿Eva nada más? No. Los dos, hombre y mujer, fueron hechos a imagen de Dios. Esto significa que esos dos individuos, que luego harían el pacto del matrimonio, fueron los primeros portadores de la imagen de Dios y, por ende, parte de la realeza como hijos del Rey de los cielos y la tierra. Se podría decir de la siguiente manera. Según la cronología de los hechos, Adán y Eva fueron las primeras creaciones portadoras de la imagen de Dios. Luego, se unieron cuando Dios estableció la institución del matrimonio. Ese orden es importante.

Ya sabiendo eso, si el divorcio es la muerte del matrimonio, examinemos el nacimiento del matrimonio. ¿Cuál es el diseño y la intención de Dios para esa relación sagrada?

La palabra *matrimonio* tiene sus raíces en el término hebreo *berít*, que también se traduce como «pacto». El matrimonio es la unión de un hombre y una mujer que asumen un compromiso el uno con el otro a través de un pacto (Proverbios 2:17; Jeremías 31:32; Ezequiel 16:8, 59, 60; Malaquías 2:14). Una relación de pacto supone requisitos para ambas partes. Sería algo similar a un contrato entre dos personas. Así es como se entendía en el Israel antiguo y como los rabinos enseñaban e interpretaban la ley en relación con dicha institución. Los contratos establecen pagos, condiciones y sanciones para el incumplimiento de las condiciones. Veamos en detalle cómo era cada una de estas cosas para los judíos del Antiguo Testamento.

- **PAGOS**. Para que se concretara un matrimonio, el esposo debía dar una dote. ¡La dote era un pago que se hacía a la mujer! En otras palabras, incluso después del casamiento, la dote pertenecía a la mujer. Sin embargo, en la práctica, el control de las finanzas estaba a cargo del esposo. Por eso el certificado de divorcio era tan importante.
- **CONDICIONES.** Todo contrato incluye condiciones, que son lo que cada persona debe aportar y recibir. En el contexto del matrimonio, el esposo aportaba seguridad mediante apoyo financiero, espiritual y emocional. La esposa debía aportar seguridad mediante la gestión del hogar y la atención a las necesidades de cada integrante de la familia. En conclusión, ambas partes debían hacer su aporte al matrimonio. Si alguno de los dos no hacía su aporte, se estaba incumpliendo el contrato. Todos los incumplimientos de contratos tienen consecuencias.

- **SANCIONES.** Las consecuencias de los incumplimientos del contrato variaban. No se suponía que el divorcio fuera el primer recurso. No era la única opción. Los rabinos tenían un proceso para ayudar a los matrimonios a reconciliarse. Es decir que las dos personas, con humildad, debían hacer su parte. Sin embargo, si el esposo era obstinado, no estaba dispuesto a cambiar y destruía por completo el matrimonio, existía una protección para la mujer: el certificado de divorcio (Deuteronomio 24:1-4, Mateo 5:31; Mateo 19:7 y Marcos 10:4).[3]

El certificado de divorcio era una declaración pública de que la mujer no era la culpable y entonces podía ser recibida de nuevo en la comunidad con dignidad y honor.[4] Otro beneficio del certificado de divorcio para la mujer era que le permitía recuperar la dote, tomar posesión de ese dinero, para no quedar desamparada económicamente luego de ser abandonada.

Sin el certificado de divorcio, la mujer no solo se exponía al rechazo comunitario, sino que también exponía a su familia a la humillación pública. En algunos casos como ese, la familia le daba la espalda a la mujer para no perder el respeto de la comunidad. Esto era una tragedia increíble porque, sin el apoyo familiar y sin otros recursos financieros, la mujer quizás se vería obligada a recurrir a algo como la prostitución a fin de sobrevivir.[5] Como puedes ver, el certificado de divorcio era crucial para la mujer.[6]

Quizás te preguntes por qué le dedicamos tanto tiempo a todo esto. Es porque queremos destacar que Dios se toma en serio el matrimonio. El concepto del matrimonio fue instituido por Dios y se aplicó por primera vez con Adán y Eva (Génesis 2:18-25). Luego, en Mateo 19:6, vemos que esta unión se enmarca en un contexto de pacto y que el deseo de Dios es que ese pacto se respete y se honre. Entonces, ¿cuál fue Su plan original para este pacto?

El matrimonio implica sacrificio por medio del sometimiento mutuo. Pablo lo desarrolla en Efesios 5:20-21, cuando afirma: «... dando siempre gracias a Dios el Padre por todo, en el nombre de nuestro Señor Jesucristo. *Sométanse unos a otros, por reverencia a Cristo*» (énfasis añadido). La idea aquí es que, cuando las dos personas viven con reverencia santa a la luz de Cristo, estarán unidos, guiados por Jesús. En otras palabras, si en un matrimonio los dos se someten a Cristo, también habrá un impulso natural de someterse mutuamente. Una manera en que se refleja ese sometimiento mutuo es cuando los dos cultivan el fruto del Espíritu en su vida (Gálatas 5:22-26). Si bien el fruto del Espíritu es para todos los creyentes, tiene una importancia aún mayor cuando se hace evidente en la humildad y el amor mutuo dentro del matrimonio. Así, los dos corazones se ablandan y están dispuestos a sacrificarse a raíz de ese amor, lo cual hace mucho más fácil perdonar.

Como puedes ver, Dios tiene un ideal para el matrimonio. Él quiere que busquemos ese ideal sin arriesgar la seguridad y el bienestar de otro portador de Su imagen. Hay que tener sumo cuidado de no colocar la institución del matrimonio por encima de la seguridad y el bienestar de los dos portadores de la imagen de Dios que se unen en ese pacto marital. Así como Jesús señaló en Marcos 2:27 que «el sábado se hizo para el ser humano y no el ser humano para el sábado», Dios no creó a la humanidad para el matrimonio, sino que el matrimonio es una institución estipulada por Dios que siempre debería honrar a los portadores de la imagen de Dios que la componen.

El matrimonio fue creado para que la humanidad refleje la maravillosa fidelidad de Cristo y Su amor por Su novia, la Iglesia. Entonces, cuando elevamos el matrimonio por encima de la dignidad y la seguridad de los portadores de la imagen de Dios que componen un matrimonio, en realidad deshonramos el reflejo del amor de Cristo por Su novia. Eso es, a fin de cuentas, lo que nos impulsa a resolver la disfunción de los matrimonios: la gran meta de, ante todo, honrar al Señor.

> El matrimonio es una institución estipulada por Dios que siempre debería honrar a los portadores de la imagen de Dios que la componen.

Por ejemplo, cuando cristianos bienintencionados alientan a una mujer atrapada en un matrimonio de patrones destructivos a seguir casada a cualquier precio, es evidente que se ha elevado la institución del matrimonio por sobre una portadora de la imagen de Dios. Lo que debería suceder es que el responsable de las acciones destructivas rinda cuentas, a fin de restaurar el ideal de Dios para el matrimonio. De ese modo, habría corrección para quien está en pecado y no humillación para quien necesita ser rescatada.

Si todo esto es verdad, ¿por qué a veces las cosas se descontrolan tanto?

Hay determinadas cosas que todo cristiano entiende al menos a un nivel básico. Por ejemplo, la fidelidad de Dios al pacto de amor con Su pueblo. En ese caso, hablamos de un *pacto unilateral*. Es un pacto dado por Dios a nosotros; Él es quien establece y cumple ese pacto. No depende de nada que hagamos nosotros.[7] Es un error cuando intentamos tomar lo que es verdad únicamente sobre la relación de Dios con nosotros y lo queremos aplicar a las relaciones entre seres humanos. Un pacto entre seres humanos difiere del pacto entre Dios y Su pueblo. Un pacto entre seres humanos es un *pacto bilateral*. Eso significa que las dos partes tienen la misma responsabilidad de respetar las condiciones del pacto.

Muchos señalan: «Aguarda, el matrimonio es un pacto entre nosotros y Dios». Hasta he oído a mujeres decir: «Aunque mi esposo no respete sus votos, yo no puedo romper mi pacto con Dios». Entiendo la motivación de esas palabras. Como amigo teólogo, quizás pueda aportarte algo de claridad ante esa confusión.

Usar palabras precisas es importante. Cuando haces la promesa de pacto a tu cónyuge al casarte (pacto bilateral), no haces un pacto con Dios. De hecho, haces algo mucho más significativo. Haces el pacto ante la presencia de Dios como juez. ¿Qué significa eso? Significa que la persona que rompe el pacto corre más peligro, porque la promesa se efectuó reconociendo a Dios como juez. Eso significa que el culpable deberá responder ante Dios, que es juez y testigo de la promesa del pacto. ¿Y adivina qué? Ese juez es también quien defiende al inocente y rescata a la víctima que había quedado cargando un peso que nunca debió cargar sola.

Si sientes que eres esa persona, la que carga todo el peso de la congoja, junto con toda la presión de preservar una normalidad para tus hijos, quiero presentarte dos de mis versículos preferidos del Nuevo Testamento, Mateo 11:28-29: «Vengan a mí todos ustedes que están cansados y agobiados; yo les daré descanso. Carguen con mi yugo y aprendan de mí, pues yo soy apacible y humilde de corazón, y encontrarán descanso para sus almas». Eso es sumamente alentador para mí, porque me recuerda que Jesús está a nuestro lado. Él camina con nosotros y no nos abandonará en medio del camino. Hay un descanso para nuestra alma.

No obstante, algo que quizás te haga dudar de esto es la preocupación de desagradar o decepcionar al Señor. Eso puede suceder cuando crees determinadas cosas o te han enseñado como verdad cosas que van en contra de todo el contexto de enseñanzas de

Dios. Esa información errónea sobre la Biblia puede llevarte a sentirte humillada.

Comenzar a sanar será mucho más difícil si primero no eliminamos esa humillación. Demasiadas buenas cristianas me comentaron que les han dicho, de forma directa o pasiva, que proteger su matrimonio era más importante que protegerse ellas. A veces se celebra equivocadamente que la mujer permanezca en un matrimonio destructivo porque se piensa que Dios valora más eso que su seguridad. Se me parte el corazón, y creo que a Dios también, cuando otros cristianos hacen sentir vergüenza a una mujer porque debió aceptar la cruel realidad de un divorcio que no deseaba. Tú no eres un número, el último matrimonio fallido para la estadística. Eres una mujer que anheló con todo su ser agradar a Dios y terminó dándose cuenta de que no podía salvar su matrimonio ella sola.

Ya sea que estés a punto de divorciarte o aún en la etapa de recuperación tras un divorcio, oro en este instante por que puedas al fin exhalar, sabiendo que un matrimonio fallido no te convierte en un fracaso a los ojos de Dios.

Hermana, ojalá sepas ya cuánto te ama Dios y que tomar decisiones para proteger tu dignidad y tu seguridad no es indicio de una mujer débil, sino de una mujer de gran coraje y fortaleza que por fin se animó a exclamar: «¡Basta!».

Vuelvo yo, Lysa. Creo que es un buen momento para hacer un ejercicio. Afirmemos lo siguiente en voz alta:

No soy lo que he hecho ni lo que me han hecho.
No soy lo peor de lo que se ha dicho de mí.

No soy solo una mujer que sufrió la muerte de su matrimonio.
Soy una mujer que ama a Dios, y Dios me ama.
Fui creada a Su imagen.
Me comprometo con la verdad y no aceptaré las mentiras que intenten atacarme.
Soy reflejo de la gloria y de la bondad de Dios.
Dios me ama desde lo más profundo de su inconmensurable corazón paternal.
Soy más valorada de lo que podría imaginar.

EL RINCÓN DEL TERAPEUTA, CON JIM

Todos tenemos una historia de vida que afecta nuestra mirada de nosotros mismos, nuestras circunstancias y lo que podemos hacer al respecto. Sin embargo, en la mayoría de las ocasiones no nos tomamos el tiempo para analizar esa historia con un terapeuta, a fin de adquirir una perspectiva más amplia y clara de cómo llegamos a nuestros sentimientos y puntos de vista. Necesitamos ocuparnos como corresponde de lo que hemos atravesado en la vida, pero también necesitamos exponer nuestras conclusiones y lo que nos estamos diciendo a nosotros mismos a raíz de nuestro pasado. Por eso, a todos mis pacientes les propongo armar esa línea punteada, marcando primero los puntos, uniéndolos y luego haciendo las correcciones necesarias. Todos llevamos una vida marcada por los detalles, pero tendemos a relatar nuestra historia sin dar grandes precisiones.

Un amigo mío siempre señala «lo nebuloso es peligroso». Por eso, te invito a hacer un ejercicio sobre nuestra historia de vida. Se llama «el huevo de los traumas».[8]

El huevo de los traumas es una potente herramienta práctica que empleo en todos los tratamientos intensivos para traumas emocionales y para abusos, abandonos y todo dolor no procesado del pasado. Si nunca hiciste este ejercicio, busca un lugar tranquilo, aislado y seguro. Completar el ejercicio como corresponde debería llevarte al menos tres horas.

La preparación para el huevo de los traumas es la siguiente. Primero, consigue una cartulina y marcadores de varios colores. Dibuja un huevo gigante, dejando en blanco las cuatro esquinas de la cartulina. Luego, arriba a la izquierda, escribe algunas reglas de la familia donde te criaste. Pueden ser reglas explícitas o implícitas. Recuerda que, de niños, prestamos más atención a las acciones que a las palabras. Estos son algunos ejemplos:

No hagas enojar a mamá o a papá.

No hables de los asuntos familiares fuera del hogar.

Tener éxito es obtener buenas calificaciones.

Luego, arriba a la derecha, anota los diferentes roles que tuviste en tu familia de origen. Algunos roles clásicos son la mascota o la animadora, la heroína, la rebelde, la buena muchacha, el chivo expiatorio, la hija invisible, la pacificadora o salvadora, la sustituta de mamá o papá, la responsable, la estudiante galardonada, la atleta, etc.

Después, abajo a la izquierda, escribe algunos adjetivos que describan a tu padre. Esas cualidades pueden corresponder a cualquier época desde tu niñez hasta la actualidad. Luego, abajo a la derecha, anota algunos adjetivos que describan a tu madre. Es común que a mis pacientes les cueste escribir las características de sus padres. Yo les digo que esa parte del ejercicio consiste en «describir, no culpar».

Las cuatro esquinas nos dan el contexto para el huevo de los traumas. Si bien nuestro huevo de los traumas no es inmutable, sino dinámico, es importante tener el contexto de nuestra familia de origen al procesar nuestras experiencias personales. Como siempre digo, la histeria surge de nuestra historia.

Luego, divide el interior del huevo en pequeños casilleros del mismo tamaño. Trata de que haya al menos 20 casilleros. Después, comenzando por abajo, dibuja en el primer casillero un muñequito o símbolo que represente algo de tu pasado que haya sido doloroso, traumático, ofensivo, negativo, sexual de alguna manera, humillante o triste. Luego sigue avanzando hasta completar todos los casilleros. Te aconsejo anotar en un papel a qué corresponde cada imagen o símbolo de los casilleros, para no olvidarte.

En este ejercicio, te invito a emplear mi método RIH para relacionar las cosas que vas agregando al huevo de los traumas. La R es de «realidad»: son las cosas que te han

EJEMPLO DEL HUEVO DE LOS TRAUMAS

REGLAS DE LA FAMILIA

MIS ROLES EN LA FAMILIA

ACONTECIMIENTOS Y EXPERIENCIAS DE LA VIDA

DESCRIPCIÓN DE MI PADRE

DESCRIPCIÓN DE MI MADRE

sucedido. La I corresponde a «impacto»: es la manera en que cada realidad te ha afectado. La H es de «huella»: se trata de la vergüenza o las mentiras que ahora, gracias al ejercicio, quizás detectes en toda tu historia de vida.

A través del método RIH, tal vez observes que te hiciste cargo de cosas que no correspondían, que gestionas las emociones de otras personas, que siempre te sientes la víctima, que no crees poder confiar en nadie, o que piensas no merecer amor y que nunca llegarás a nada. Ahora que ya has identificado y ganado consciencia de eso, en lugar de seguir repitiendo esas mentiras que forman la huella que te lleva a la derrota, piensa lo siguiente: *Es una oportunidad de iniciar otra vida. ¿Qué quiero hacer para salir adelante? ¿Cuál es el paso correcto en este momento?*

He tenido el bendito privilegio de dedicar horas a desentrañar junto con mis pacientes sus historias de vida mediante el ejercicio del huevo de los traumas. Tengo la oportunidad de ser testigo de cómo personas y matrimonios detectan y destapan heridas no sanadas para llevarlas a la luz sanadora de Jesucristo y de otra persona confiable que los acompaña a recorrer su historia. Con frecuencia, tengo el placer de ver a estas personas valientes unir esos puntos intocables y liberarse de viejos dolores, abusos, abandonos, rechazos y traiciones. Hoy te aliento con amor a repasar tu historia de vida y comenzar el camino hacia una liberación similar.

CAPÍTULO 3

¿Pero Dios no odia el divorcio?

Lysa aquí de nuevo. Recuerdo con claridad la primera vez que tuve que seleccionar la opción de estado civil «divorciado» en un formulario médico.

No se trata de un vago recuerdo. No, es un recuerdo que viene y se instala cada vez que algo me trae a la mente aquel día. Supongo que nadie de los presentes entonces en el consultorio ha vuelto a pensar para nada en aquel día. Sin embargo, yo no me lo olvido. Puedo ver las sillas de la sala de espera, color azul grisáceo con brazos de madera color café. En el televisor, estaba puesto el canal HGTV con el volumen al mínimo. La señora que atendía detrás del vidrio tenía cabello negro enrulado, llevaba el uniforme médico azul y tenía puesta una mascarilla azul.

Me quedé mirando el formulario. Si bien no había nadie hablando, yo escuchaba en mi mente voces juzgadoras. Cuando apoyé el bolígrafo en la hoja, me moría de ganas de escribir una explicación al costado. *Esta fue la experiencia más desgarradora de mi vida. Luché con todas mis fuerzas por salvar mi matrimonio de casi 30 años. No fue una decisión apresurada. Me llevó años. Años en que nuestros hijos y yo soportamos mucho. Cosas que no deberíamos haber visto, escuchado ni descubierto. Cosas a las que no se puso freno. Entonces, viví una de las pérdidas más dolorosas de mi vida: la muerte de mi matrimonio.*

No obstante, no había espacio en el casillero para anotar todo eso. Entonces, simplemente hice una marquita con el bolígrafo al lado de la palabra *divorciado*. Después me largué a llorar cuando unas líneas más abajo me pedían un contacto de emergencia.

Esta no es la experiencia de todo el mundo pero, al tener inculcado que el divorcio nunca debía ser opción para un matrimonio cristiano, mi nuevo estado civil se sentía como una declaración de que ahora era menos persona, menos cristiana, menos moral, menos sabia y menos confiable. Era como si las decisiones de mi exesposo hubieran hecho explotar todo por el aire y las esquirlas me hubieran lastimado a *mí*.

También me sentía así porque las infidelidades y los demás secretos vinculados al matrimonio ahora estaban vinculados a mí. Recuerdo estar en la ducha y sentirme desesperada por quitarme esa mancha. Era como si tuviera heridas por todo el cuerpo, cada minuto más infectadas. Necesitaba limpiarlas, una pomada antiséptica, vendas, un torniquete, algo para no desangrarme, pero más allá de cómo intentara limpiarme la piel no había jabón capaz de quitar semejante sensación de suciedad.

Aún peor, nada echaba más sal en las heridas en carne viva de mi corazón que los comentarios de la gente sobre mi divorcio. Algunos tenían buenas intenciones y se preocupaban de verdad. Otros se acercaban con un aire de superioridad, como si mi divorcio no deseado me hiciera de alguna manera merecedora de lástima. En lugar de solo ofrecer compasión y ayuda, algunos agravaron mi dolor con sus opiniones, acusaciones y sentencias.

Un líder de ministerio hasta incitó a la gente a alejarse de mí, como si mi divorcio fuera una especie de lepra. Mi divorcio abrió la puerta para que la gente cuestionara cosas sobre mí y sacara conclusiones falsas. Jim me había advertido que la gente suele criticar sin contar con toda la información. Vaya que tenía razón.

Yo solía pensar que, si supieran toda la historia, no dirían lo que dicen, no pensarían lo que piensan, no enviarían esos mensajes agresivos en las redes sociales, no harían comentarios crueles a mis espaldas y no me dirían en la cara cosas como «bueno, cada historia tiene dos versiones» o «nunca pondría fin a un matrimonio; no creo en el divorcio».

Todo eso me llevó a pensar: *¿Debería explicar algunas de mis duras vivencias y revelar más partes de la historia?*

No. De nuevo, ¿por qué habría de confiar más detalles a personas que ya demostraron no poder entenderme? Ellos no recorrieron la oscuridad que yo recorrí, no estuvieron cerca de mí como para verme los ojos enrojecidos e hinchados de sufrimiento una y otra vez.

Ellos no sabían la verdad.

No sentían lo que yo sentía.

Esto no los afectó como me afectó a mí.

Sin embargo, su asombro por lo que estaban descubriendo generó, desde luego, muchos comentarios. Incluso algunos amigos íntimos no podían conciliar el concepto que tenían de mi esposo con lo que ahora había salido a la luz. Tenían tantas preguntas.

Lo entiendo. Cuando me enteré de que mi esposo llevaba una doble vida, yo tampoco lo pude procesar. No parecía tener sentido. A veces algunas cosas me llamaban la atención, y ya no era tan cálido conmigo en tiempos de estrés, pero era una etapa difícil, con la transición de los niños a la universidad y algunos de ellos hasta cerca de casarse. Fue sencillo justificar por ese lado las cosas que no me convencían. Es decir, para la mayoría de la gente él era una persona decente, incluso para el terapeuta que nos atendía. Entonces, para mí también.

Pero estaba equivocada.

No había considerado la posibilidad de que su integridad fuera una fachada y que detrás hubiera todo un mundo secreto desconocido para mí. Cuando lo descubrí, me paralizó pensar: *Nadie me va a creer si les digo lo que está pasando.* Enseguida me vino otro pensamiento: *Se van a preguntar cómo es posible que yo no lo supiera.* La vergüenza comenzó a dominar con fuerza todo mi razonamiento. *¿Cómo pude haber sido tan inocente, haber estado tan cegada y no haber sido consciente de esto?* Me sentí estúpida, incapaz de manejar la situación. Estaba tan avergonzada de en realidad no conocer a este hombre que creía conocer mejor que nadie. Pensaba que llevábamos una vida totalmente auténtica, pero cuanto más corría la cortina más cosas descubría y más me asombraba.

Nadie sabrá jamás todo lo que sentí, viví y me destrozó, y solo tú sabrás esas realidades de tu circunstancia. Es algo tan complejo, confuso, desconcertante y desgarrador. No intento ser dramática. Solo quiero expresar con claridad que el divorcio no es una mera decisión que se toma un día. Es un torbellino indescriptible de dolor, vergüenza, confusión y desolación, envuelto en una maraña de preguntas que nunca tendrán respuesta y en un montón de sentencias de personas que en realidad no comprenden nada.

Quizás haya personas que se divorcien por motivos mucho más simples pero, para la mayoría con la que he hablado que sufrió esto, el camino no tuvo nada de sencillo y se hizo todo lo posible por evitarlo. En mi caso, intentamos muchas veces reconciliarnos y hasta renovamos los votos, lo cual pensé que había comenzado a restaurar todo para siempre. Tras esa montaña rusa de tantos altibajos, mi mente no podía procesar todo lo que Dios había permitido. Entonces, el divorcio pasó a ser cada vez más probable, y la inquietante frase «Dios odia el divorcio» parecía una daga incrustada en mi frágil y desorientado corazón.

Si era hora de bajarme de la montaña rusa y aceptar la realidad de que el matrimonio se había terminado, ¿qué significaba eso para mí? ¿Qué significaba para mí como cristiana? Ya estaba afrontando el rechazo de mi esposo y de la gente que se puso de su lado. ¿Ahora debía afrontar también el rechazo de Dios? Yo había creído de todo corazón que Dios nunca me dejaría ni me abandonaría. ¿El divorcio podía desagradar tanto a Dios como para dejar anuladas Sus promesas para mí?

Sé que tal vez suene dramático, pero esos pensamientos se exacerbaban cada vez que otros cristianos me recordaban las únicas cuatro palabras que conocían sobre la muerte del matrimonio: *Dios. Odia. El. Divorcio.*

Aquí Joel de nuevo. Recuerdo con claridad uno de mis días de ministerio más difíciles. Ese día mi vida ministerial chocó de verdad con mi vida personal. Verás, a mí me encanta mi tarea como director de teología de Proverbs 31 Ministries. Es una tarea aún más especial porque tengo el privilegio de procesar la teología con personas que no son solo compañeros de trabajo, sino que ya son verdaderos amigos. Compartimos las alegrías y las tristezas de la vida. Vamos a los casamientos, celebramos los cumpleaños de los niños, también nos afligimos ante la muerte de nuestros padres y, sí, hasta ante la muerte de los matrimonios.

Aquel día, estaba en la casa de Lysa con otra compañera de trabajo y amiga, Leah. Teníamos planeado un día de estudio, con mucha teología de nivel avanzado por analizar. Leah y yo aguardábamos a Lysa en una mesa gris redonda. Cuando ella vino a sentarse, noté que tenía los ojos rojos y había estado llorando. Es probable que las lágrimas se hubieran detenido hace algunas horas, pero el dolor era aún evidente. Era una tristeza diferente. Yo podía sentir el dolor que cargaba sobre los hombros. Todos pudimos percibir la seriedad de la situación.

Luego, Lysa me miró y me hizo una de las preguntas más difíciles que haya tenido que responder. La dificultad no era solo por el aspecto teológico, sino también por las implicaciones prácticas de la respuesta.

La pregunta de Lysa fue: «Joel, ¿es verdad que Dios odia el divorcio?».

Quizás tú también hayas hecho esa pregunta.

El mero animarte a hacer la pregunta es evidencia de que quieres honrar a Dios. Quieres agradar a Jesús. Buscas hacer lo correcto y no quieres correr ningún riesgo de equivocarte. Es probable que la posibilidad de deshonrar a Dios a través del divorcio te paralice.

Más allá de la etapa en que te encuentres de este proceso (predivorcio, pleno divorcio o postdivorcio), me encantaría aportarte algo de claridad al respecto. Al escuchar la frase «Dios odia el divorcio», tal vez pienses que, lamentablemente, sin importar la situación y la circunstancia, el divorcio te hará afrontar no solo el desagrado, sino también el odio de Dios. ¿De dónde surge esa idea? De Malaquías 2:16.

La cuestión es la siguiente: el lenguaje de Malaquías 2:16 en hebreo, el idioma original de este libro de la Biblia, lo convierten en uno de los versículos más difíciles de traducir. Por eso hay tantas diferencias entre las diversas traducciones de la Biblia para este versículo. Sinceramente, tal vez se trate de uno de los temas bíblicos que debamos tratar con más cuidado, debido a la desolación que se genera si no lo entendemos bien. Entonces, vamos a hacer un estudio en profundidad del versículo. Valdrá la pena.

Una breve lección de historia sobre las traducciones de la Escritura nos ayudará a comprender de dónde surge la frase «Dios odia el divorcio». En la actualidad, tenemos varias traducciones de la Biblia. En español, existen por ejemplo la NVI, la NBLA y la NTV, pero antes de haber tantas opciones, la traducción que más se usaba en español era la Reina Valera. Es lógico que esa versión, al ser de las primeras y gozar de tanta popularidad, tuviera un gran impacto sobre nuestra interpretación de los textos, ya que las posteriores traducciones la tomarían como punto de partida.

La traducción de la versión Reina Valera se realizó con un enfoque en la fidelidad al texto original y se la considera una traducción conservadora. Veamos la traducción de Malaquías 2:16 en la Reina Valera (tomaremos la versión de 1960):

«Porque Jehová Dios de Israel ha dicho que *él aborrece el repudio*, y al que cubre de iniquidad su vestido, dijo Jehová de los ejércitos. Guardaos, pues, en vuestro espíritu, y no seáis desleales». (Malaquías 2:16, RVR1960, énfasis añadido).

El término «repudio» proviene del hebreo *shalákj*, que significa «enviar lejos, despedir, echar», entre otros, y es un vocablo referente al divorcio,[1] término que encontramos en otras versiones bíblicas como la NBLA y la NTV, por ejemplo, en esta última dice:

«¡Pues *yo odio el divorcio*! —dice el Señor, Dios de Israel—. Divorciarte de tu esposa es abrumarla de crueldad —dice el Señor de los Ejércitos Celestiales—. Por eso guarda tu corazón; y no le seas infiel a tu esposa». (Énfasis añadido)

Básicamente, los traductores de las versiones más actuales

tomaron una decisión interpretativa en lugar de limitarse a lo que dice el texto.[2]

¿Por qué las versiones modernas optan por decir que Dios odia el divorcio? Para serte sincero, no lo sé. Mi sospecha es que, en cierto sentido, la decisión de traducción se vio afectada por el miedo a fomentar el divorcio. Más allá de la posible motivación, tenemos manuscritos de la antigüedad, y el análisis del idioma original puede ayudarnos a tener más en claro qué se intentó transmitir en el hebreo original. Aquí te presentaré un resumen, pero quienes disfruten de los estudios bíblicos en profundidad o sean líderes de ministerio pueden consultar la sección de notas al final, donde hallarán una explicación más técnica.[3]

Al tomar decisiones de traducción, lo ideal es recurrir a las referencias más antiguas y a la historia de la interpretación bíblica. Hay que admitir que el hebreo de Malaquías 2:16 presenta una dificultad increíble. Cuando se traduce algo de un idioma a otro, muchas veces no se puede solo cambiar cada palabra por su palabra equivalente en el otro idioma en el mismo orden. Es decir que es necesario cambiar la construcción gramatical del hebreo para que tenga sentido en español. Al cambiar la construcción del hebreo, podríamos terminar traduciéndola como «Dios odia el divorcio», pero no es la única interpretación posible. Existe otra interpretación que considero más exacta. Si dejamos el hebreo intacto (en sintonía con las referencias de la antigüedad), la traducción al español es «él odia». En este caso, «él» hace referencia al esposo, no a Dios.

Veamos cómo se decidió traducir el versículo en algunas versiones más modernas, como la NVI o la TLA:

> «*El hombre que aborrece y repudia a su esposa* —dice el Señor, Dios de Israel—, cubre de violencia sus vestiduras», dice el Señor de los Ejércitos. Así que cuídense en su

espíritu y no sean infieles. (Malaquías 2:16, NVI, énfasis añadido)

Nuestro Dios odia a *quienes son violentos y abandonan a su esposa*. Por lo tanto, ¡tengan cuidado y no le sean infieles a su esposa! (Malaquías 2:16, TLA, énfasis añadido)

Incluso, en la versión en inglés de la NVI (la NIV), leemos que «el hombre que aborrece y repudia a su esposa comete un acto violento *contra la persona a quien debería proteger*».

En resumen, en este versículo es el esposo quien odia. La frase «cubre de violencia sus vestiduras» hace referencia al hombre que es injusto y cruel con su esposa en lugar de protegerla. Jehová (Dios) está hablando de Su enojo con el esposo, quien ha roto el pacto.

De todos modos, quiero dejar algo bien en claro: Dios sí odia lo que el divorcio causa a las personas, a las familias y a quienes lo atraviesan. Veamos en mayor detalle el verbo hebreo *sané* empleado en este versículo. La traducción más precisa al español sería «odiar». Tiene la connotación de «aversión emocional».[4] Otras alternativas serían «aborrecer», «menospreciar» o hasta «convertirse en enemigo».[5] Todas esas expresiones intentan transmitirnos una profunda aversión al rompimiento del pacto y su impacto para la parte inocente. El versículo cierra de esta manera: «Así que cuídense en su espíritu y no sean infieles» (NVI). Al leer «así que», pasamos a la perspectiva de Dios de la situación y podemos hacer dos observaciones: 1) hay una advertencia en cuanto a que debemos tener cuidado, y 2) Dios considera que la situación de odio por un cónyuge inocente constituye una infidelidad. A fin de cuentas, Dios se disgusta con quien rompe injustamente el pacto de matrimonio hecho con su cónyuge.

Sin embargo, recuerda que Dios también perdona, redime y restaura a quienes se arrepienten de corazón. Existe una cantidad abrumadora de pasajes de la Escritura que afirman esta asombrosa verdad sobre nuestro Dios misericordioso. Comenzamos a comprender de verdad lo extraordinario de la gracia de Dios recién cuando podemos apreciar la tragedia que es nuestro pecado. No obstante, si el culpable no se arrepiente y rompe el pacto de manera injusta, lo que hace es cometer un acto violento contra la persona a quien debería proteger, como menciona Malaquías, y Dios ve esto con desagrado.

Quiero aclarar que, a través de todo este estudio y tratamiento nuevo del versículo, no estoy dando licencia para divorciarse. No pretendo menospreciar ni reducir el carácter sagrado del matrimonio. No niego que el matrimonio sea un pacto *(berít)* entre un hombre y una mujer ante la presencia de Dios como juez. Lo que estoy señalando es que ese versículo no afirma que Dios odia el divorcio. No es lo que expresa el hebreo. Las referencias de la antigüedad no lo interpretaban así. ¡Esta distinción cambia las cosas! Es importante. ¿Por qué? Porque, como menciona Jim, «las palabras que empleamos le dan forma a nuestro mundo».

La traducción «¡Pues yo odio el divorcio! —dice el Señor...» es una afirmación sin matices, terminante. Según esa frase, Dios parece odiar, lamentar y rechazar por igual las acciones tanto de quien rompió el pacto como de la víctima del incumplimiento del pacto. La mujer que sufre un divorcio no deseado, al escuchar que Dios odia el divorcio, escucha «Dios odia lo que estoy haciendo», o peor, «Dios me odia». Quizás pienses que estoy haciendo conjeturas en cuanto al dolor que genera la mala interpretación de este versículo. Te puedo asegurar que no son conjeturas. He escuchado en persona el testimonio de cientos de mujeres según las cuales este versículo se ha utilizado para obligarlas a permanecer en matrimonios donde sufrieron abusos terribles de carácter sexual, físico y emocional. Si agregamos los comentarios de Internet, los mensajes y los correos electrónicos, la cantidad de historias se dispara de los cientos a los miles. Se trata de una designación equivocada del destinatario del desagrado de Dios.

Mira, existen razones bíblicas para que el divorcio sea posible y hasta necesario (veremos más sobre eso en el próximo capítulo). ¿El divorcio le parte el corazón a Dios? Desde luego. ¿Es lo ideal? No, claro que no, pero a veces, en algunas situaciones, no solo está permitido, sino que también es necesario. La vergüenza proviene del enemigo, nunca de Dios. Como cristianas, debemos tener cuidado de no interpretar mal versículos y luego aplicarlos mal en situaciones, lo cual puede causar humillación o, peor, obligar a alguien a permanecer en lo que nuestra amiga Leslie Vernick llama un matrimonio destructivo.

Por eso, es importante tener claridad en cuanto a lo que significa de verdad ese versículo. Lo que hace es proteger a las víctimas inocentes de divorcios no deseados y a quienes fueron rescatadas de matrimonios que amenazaban

> Todo el concepto del certificado de divorcio del Antiguo Testamento se estableció para proteger a las mujeres.

su bienestar, para que no sientan que están en pecado y que decepcionaron a Dios. No deben sentir eso porque no es verdad. De hecho, todo el concepto del certificado de divorcio del Antiguo Testamento se estableció para proteger a las mujeres.

Hay quienes responden a esta idea afirmando que abandonar el concepto de que Dios odia el divorcio es peligroso porque devalúa el pacto del matrimonio. Esa respuesta se basa en el miedo. Usar el miedo como motivación es una hermenéutica desastrosa (hermenéutica es el método para estudiar e interpretar la Biblia). La verdad es que este pasaje, bien traducido, protege la perspectiva correcta del matrimonio. Nos ayuda a ver que el lamento y el desagrado de Dios está dirigido a quien rompe el pacto. Sabiendo esto, podemos apreciar el efecto trágico para la víctima inocente de este incumplimiento del pacto. Podemos apreciar la desolación que queda al destruirse lo sagrado del matrimonio, y a la vez cuidar a la víctima del pecado. Nada de esto devalúa ni empequeñece la institución del matrimonio, sino que la coloca en su justo lugar.

Lo que más me duele es que personas de la Iglesia hacen sufrir indebidamente a mujeres destrozadas por decisiones inmorales de hombres atrapados por el pecado (engaños, abusos, explotación). Les preocupa más que la mujer pueda llegar a divorciarse que tratar los motivos por los cuales se encuentra en esa situación. Los comentarios que más me han lastimado son los de líderes de ministerios cristianos que no han abierto la boca sobre el pecado, la traición, el engaño y la falta de arrepentimiento de los hombres que les rompen el corazón a millones de mujeres. Por eso la exégesis precisa y fiel es fundamental, un corazón compasivo es esencial y la humildad teológica es importante.

Para concluir, a las hermanas que solo desean agradar a Dios con su vida y ahora ven la palabra *divorcio* vinculada a su circunstancia, les dejo estas palabras: Dios no las odia. No está disgustado con ustedes. Las ama, las aprecia y está sumamente orgulloso de su valentía al atravesar algo que nunca generaron ni quisieron, pero que ahora deben afrontar.

Lysa aquí de regreso. Quiero que sepas todo esto porque a mí me consoló mucho y me equipó con la verdad que necesitaba para no sumar al dolor por el fin de la relación el miedo a no hacer caso a la Biblia. Sin embargo, no quiero que te sientas en un aula fría e impersonal, sino en la comodidad de mi sala de estar. Por eso, para cerrar este capítulo, quiero que hagas tres cosas:

- Escucha la canción *Gracias Jesús* de Laura Barrientos. Cierra los ojos y déjate llevar por la belleza de la letra y la melodía.
- Sal de tu casa, busca un espacio verde y mira al cielo. Todo sigue allí. Aunque a veces parezca que tu mundo se viene abajo, el mundo sigue girando alrededor del sol, permanece sobre su eje, y el cielo no se desplomó. Busca algo de la hermosa creación de Dios que te ayude a recordar que Él no está ausente. Su belleza sigue existiendo en este mundo. Tu historia no ha llegado a su fin.
- Llama a una amiga que necesite las verdades de este capítulo. Llevar a otras el consuelo que hemos recibido es un paso para sanar.

Por último, para quienes el divorcio se debió, entre otras cosas, a la infidelidad, las cosas pueden ser un poco más claras, pero para el resto pueden ser mucho más discutibles. Si bien nadie debería andar buscando una excusa para divorciarse, en el próximo capítulo Joel va a guiarte hacia una perspectiva detallada de lo que la Biblia enseña y no enseña sobre los motivos que justifican un divorcio.

EL RINCÓN DEL TERAPEUTA, CON JIM

La vergüenza puede surgir por muchas cosas: «Nunca fue mi plan divorciarme», «¡la palabra divorcio ni siquiera forma parte de mi vocabulario!», «¿cómo puede mi ex seguir adelante como si nunca hubiéramos estado casados?», «¿cómo puede ser que él ya tenga otra relación?», o incluso peor, «¿cómo puede ser que ya esté por casarse de nuevo?».

Lamentablemente, la vergüenza suele ser el acompañante malvado de las divorciadas. Yo la defino como un odio proveniente de uno mismo, un odio proveniente de la sociedad y un odio proveniente de Satanás.

Muchas veces, quienes sufrieron un divorcio no deseado luchan con una condenación interna (odio proveniente de uno mismo). Esto se puede ver exacerbado por palabras del exesposo, como «era un matrimonio sin amor» o «nos casamos demasiado jóvenes». Si es verdad, está bien. Sin embargo, si no es verdad, él puede estar cambiando la historia para confundirte, puede estar controlando el relato para justificar su mal comportamiento, y puede estar haciéndote dudar de cuál es la verdad. Muchas mujeres sienten vergüenza y vértigo emocional cuando el ex hace esto. Entonces, se ensimisman y se avergüenzan sin necesidad. La vergüenza también puede provenir de la condenación del mundo, incluidos familiares, amigos, otros cristianos y líderes cristianos (odio proveniente de la sociedad). A su vez, la vergüenza puede provenir de la condenación tóxica de Satanás y las fuerzas del mal (odio proveniente de Satanás).

Sin embargo, la vergüenza genera una recompensa neurobiológica. Con frecuencia, la vergüenza es un intento de adormecer el dolor. Muchas veces me he pellizcado una mano cuando están a punto de extraerme sangre o darme una inyección, para que algo de dolor en la mano me distraiga del dolor de la aguja. Con la vergüenza hacemos lo mismo. No siempre es consciente; en muchas ocasiones es algo subconsciente. Si te castigas con la vergüenza («soy una fracasada») y luego alguien viene a decirte que eres una fracasada, no te dolerá tanto. No obstante, una desventaja del pellizco de la vergüenza es que no puedes elegir con precisión qué emociones adormecer. Brené Brown, en su investigación sobre la vergüenza, descubrió que «no podemos adormecer selectivamente determinadas emociones: cuando adormecemos las emociones dolorosas también adormecemos las positivas».[6] Entonces terminamos adormeciendo el dolor, pero también todo lo demás.

Es crucial que reflexiones (Nehemías 5:7) cuando surja la vergüenza, que respondas con la verdad bíblica, con amor y con un razonamiento sano. Seguiremos ayudándote a lo largo de todo el libro, pero te invito a iniciar la práctica diaria y regular de tomar el control de tus pensamientos, a fin de evitar la vergüenza. Así, podrás reflexionar de un modo bíblico y sabio.

De hoy en adelante, con el liderazgo de Jesucristo, eres la dueña de tu mente y de tu vida, ¡y es hora de desalojar a algunos inquilinos! Recuerda Romanos 8:1: «Por lo tanto, ya no hay ninguna condenación para los que están en Cristo Jesús».

CAPÍTULO 4

¿El único motivo válido para divorciarse es la infidelidad sexual?

Lysa de nuevo por aquí. ¿Sabés qué cuesta mucho digerir? He tenido que admitir que, si bien fue horrible descubrir en 2016 que mi esposo me engañaba, a fin de cuentas eso hizo que mi divorcio fuera un poco más aceptable para algunas personas. Por un lado los entiendo, porque eso hace todo un poco más definitivo. Sin embargo, por el otro lado, ¿es eso lo que afirma la Escritura? ¿La infidelidad sexual es la única justificación bíblica para el divorcio? Aclaro otra vez, de ninguna manera quiero enseñar algo que no sea bíblico. Con Joel escribimos este capítulo, justamente, por las confusiones con respecto a este tema.

A muchas mujeres, esta enseñanza sobre el divorcio les ha causado angustia, porque la infidelidad no formó parte de sus relaciones destructivas. O bien, porque ellas no pudieron probar la existencia de infidelidad en su matrimonio. No obstante, sí hubo otros modos de abuso y abandono que está claro que no forman parte del diseño de Dios para el matrimonio ni son cosas que debería sufrir ninguna mujer.

Una amiga mía que vivió esa situación durante años soportó un nivel de abuso verbal y sexual que casi la destruye. Ella no quería de ninguna manera deshonrar a Dios, pero la gravedad de su experiencia se le hizo imposible de aguantar. Entonces, tras años de terapia, de separaciones y reconciliaciones, de aceptar las falsas promesas de cambio y de buscar la guía del Señor mediante la oración y la consejería bíblica, ella tomó el paso lacerante de decir al fin «basta». El esposo no la había engañado. Debido al carácter del abuso, ella se guardó los detalles. Sin embargo, como no se divulgó la historia completa, la gente hizo su interpretación errónea. Ella hasta recibió el siguiente mensaje de texto de una amiga cristiana que se enteró del divorcio: «¡¡¡Qué vergüenza lo que hiciste!!!».

Increíble.

Cuando mi amiga me contó eso, se me vino el ánimo al piso y quise llorar. Tomémonos un momento para acordar que todos odiamos lo que el divorcio causa a las personas. Así es. No obstante, debemos aprender un poco mejor cuáles son las justificaciones bíblicas para tomar esta decisión desgarradora.

Joel de regreso por aquí. Por mi experiencia, es bastante habitual que la gente afirme que la infidelidad sexual es el único motivo bíblico válido para divorciarse. Lamentablemente, ese pensamiento se ha empleado para alentar a las mujeres a permanecer en matrimonios destructivos desde lo emocional y peligrosos en cuanto a lo físico porque «él no la había engañado». Hay versículos del Nuevo Testamento que se emplean para justificar dicha postura, pero están sacados de contexto, y la gente que los usa suele no conocer el Antiguo Testamento como hace falta para interpretar de manera correcta el Nuevo Testamento a la luz de todo el panorama de la Biblia. Para contrarrestar eso, es importante que dediquemos un tiempo a ver qué afirma la Biblia sobre la posibilidad de divorciarse. *La intención no es buscar un vacío legal que te permita salir de un matrimonio incómodo.* Mi anhelo es darte el mejor contexto bíblico posible para que tengas una perspectiva más abarcadora, a fin de que tomes una decisión bien justificada, que honre a Dios y que proteja tu dignidad.

Algo que suelo explicarles a Lysa y al equipo de Proverbs 31 Ministries es que en la Biblia hay partes que no deben interpretarse como políticas, sino como principios. Este capítulo está pensado para exponer los grandes principios que Dios nos reveló en Su Palabra para las situaciones trágicas por las que muere un matrimonio. Por eso, mi amiga, toma nota de estos principios y procésalos con amigas confiables. Somételos al Espíritu Santo. Busca el consejo sabio de pastores y de un terapeuta. En definitiva, haz lo mejor que puedas con lo que tengas y sigue confiando en Jesús.

Entonces, ¿qué justificativos válidos para el divorcio encontramos en la Biblia? Es verdad que, en la mayoría de los casos, el único motivo válido mencionado es la infidelidad sexual. Eso surge de Mateo 19:7-9:

> Ellos replicaron:
>
> —¿Por qué, entonces, *mandó Moisés* que un hombre diera a su esposa un certificado de divorcio y la despidiera?
>
> —*Moisés les permitió* a ustedes divorciarse de sus esposas por lo obstinados que son —respondió Jesús—. Pero no fue así desde el principio. Les digo que, excepto en caso de

inmoralidad sexual, el que se divorcia de su esposa y se casa con otra, comete adulterio. (Énfasis añadido)

A primera vista, puede parecer que Jesús solo permite el divorcio en los casos de inmoralidad sexual, pero debemos recordar que Jesús habló en un contexto cultural sumamente específico. Por eso, ante Sus palabras de Mateo 19:7-9, la audiencia original habría agregado en su mente otros detalles que ya conocían. En este caso, ellos habrían dicho: «Claro, y desde luego hay que incluir Deuteronomio 24:1-4 con los otros dos motivos válidos para divorciarse». Porque esa audiencia los hubiera incluido de manera natural, sin necesidad de que Él lo mencionara de modo explícito.

¿Se está complicando mucho esto con los significados entrelíneas y el contexto cultural? Antes de profundizar en el estudio bíblico de Deuteronomio, de este pasaje de Mateo y del entendimiento de Pablo al respecto, déjame alentarte. ¡Ya te está yendo sumamente bien con la cultura y el contexto!

Te mostraré un ejemplo muy práctico y actual. Lysa vive parte del año cerca de Jacksonville, Florida, donde hay muchos aficionados de los Jaguares, un equipo de fútbol americano. Si Lysa te llamara y te mencionara «que lástima que los Jaguares tuvieron una mala temporada», ¿cómo reaccionarías? Quizás responderías algo como: «Sí, una lástima, pero sinceramente no me identifico mucho porque no somos una familia que siga el fútbol americano», o quizás digas: «Tal cual, llevamos muchos años esperando que tengan una buena temporada».

¿Cómo supiste que estábamos hablando de fútbol americano y que no hablábamos del animal? ¿Cuál fue tu pista? ¡El contexto cultural, social e histórico!

Por ende, quiero alentarte. Haces eso todo el tiempo, sin siquiera pensarlo demasiado. Estás tan familiarizada con el contexto actual del mundo donde vives que, en la mayoría de las ocasiones, no necesitas esforzarte para comprender la intención y el significado de las palabras de los demás. Ahora, solo necesitamos conocer el contexto del Antiguo y del Nuevo Testamento para tenerlo en cuenta al leer la Biblia. Veamos Deuteronomio 24:1-4:

> Si un hombre se casa con una mujer, pero luego deja de quererla por haber encontrado en ella *algo indecoroso* [*ervá dabár*], solo podrá despedirla si le entrega un certificado de divorcio. Una vez que ella salga de la casa, podrá casarse con otro hombre.
> Si ocurre que el segundo esposo la *aborrece* [*sané*], y también le extiende un certificado de divorcio y la despide de su casa, o si el segundo esposo muere, el primer esposo no podrá casarse con ella de nuevo, pues habrá quedado impura. Eso sería abominable a los ojos del Señor.
> No perviertas la tierra que el Señor tu Dios te da como herencia. (Énfasis añadido)

Debemos considerar dos expresiones hebreas aquí: *indecoroso (ervá dabár)* y *aborrece (sané)*. Traducir la palabra hebrea para «indecoroso» *(ervá dabár)* genera suma dificultad. Los eruditos del Antiguo Testamento discrepan al respecto. Algunos consideran que es una referencia al adulterio, otros a una anomalía física y otros a algo simplemente desagradable. Para mí, la cuestión no puede ser el adulterio, porque está claro que la consecuencia de eso era la muerte (Deuteronomio 22:22). Por ende, quizás se trate de algún tipo de impureza relacionada con la incapacidad para tener hijos.[1]

Debemos tener cuidado de no imponer nuestra mirada del siglo XXI al leer este texto. Hagamos lo posible por interpretar el versículo en su contexto natural. Sé que es probable que te preguntes por qué sería aceptable ese tipo de excepción y cómo afectaría a las mujeres que no podían tener hijos. En esa época, la sociedad dependía en gran medida de los hijos para que se mantuvieran el legado y la vocación familiar. Es probable que este permiso para divorciarse por la incapacidad de tener hijos estuviera relacionado con eso y no necesariamente con el valor ni la dignidad de la mujer.

Ahora pasemos a la segunda expresión hebrea. La palabra *sané* (odio), como se ve en el contexto de Oseas 9:15 y el que ya mencionamos de Malaquías 2:16, se considera un término técnico para el divorcio.[2] Esta evidencia nos indica que, para los israelitas de la antigüedad, el divorcio estaba permitido en determinadas situaciones. Nunca fue lo ideal, pero para Dios era de suma importancia cuidar y apoyar a las víctimas de divorcios no deseados.

Te ruego que prestes atención a eso: *para Dios era de suma importancia cuidar y apoyar a las víctimas de divorcios no deseados.*

La razón de ser del «certificado de divorcio» era garantizar que la mujer tuviera la oportunidad de volver a casarse y sobrevivir en una sociedad patriarcal. Esto sucedía solo entre los israelitas, ya que el concepto del certificado de divorcio era desconocido en el Antiguo Oriente Próximo (el contexto del Antiguo Testamento).[3]

Ahora detengámonos un momento. En todo el mundo conocido hasta ese instante, no había una manera legítima de que una mujer saliera de una situación donde fuera víctima de abuso, pero Dios ama tanto a las mujeres y a las víctimas de divorcios no deseados que estipuló una política para protegerlas.

¿Cuándo es aceptable bíblicamente el divorcio? En parte, nuestro conocimiento del significado original de los versículos y de cómo eran interpretados surge del testimonio de los primeros maestros de la Biblia. En el contexto de la comunidad judía, esos «maestros de la ley» eran denominados «rabinos». Los rabinos entendían que había tres aspectos principales que podían validar el divorcio. Eso derivaba, en parte, de Éxodo 21:10-11, donde se exige que el esposo aporte «alimentación, vestido y derechos conyugales».

> Si toma como esposa a otra mujer, no podrá privar a su primera esposa de sus derechos conyugales, ni de alimentación y vestido. Si no le provee esas tres cosas, la mujer podrá irse sin que se pague nada por ella. (Éxodo 21:10-11)

Esas tres categorías podrían resumirse bajo el concepto de abandono. El esposo sería culpable de abandonar a su esposa en los casos de abandono material, emocional o físico.

- Abandono material: no darle alimentos, vestimenta ni refugio.
- Abandono emocional: no satisfacer los derechos conyugales, aunque los rabinos también tenían en mente un tipo de crueldad y humillación.
- Abandono físico: infidelidad, adulterio y abuso físico.

Los rabinos tenían un sistema para proteger a las mujeres; uno de sus elementos era un proceso para que ellas presentaran pruebas del abandono material, emocional o físico. Dado que, para esa altura, los rabinos ya habían hecho lo posible por lograr que el esposo dejara ese comportamiento de abandono y destrucción (la primera medida era aplicar una multa al culpable, con la ilusión de ayudar a la pareja a regresar al ideal establecido por Dios para el matrimonio), luego se concentraban en rescatar a la mujer de ese entorno. A esa altura, los rabinos presionaban al hombre para que le entregara a la mujer un certificado de divorcio. Esa era la única manera de que la mujer tuviera oportunidad de volver a casarse. Para los casos en que el hombre se negaba a liberar a la esposa de las crueles circunstancias de su matrimonio, la Mishná (una colección de la tradición oral judía, un documento fundacional del judaísmo) estipulaba una pena económica adicional. En algunos casos extremos, los rabinos se veían obligados a regresar al castigo físico y el hombre era azotado.[4]

Muy bien, seamos sinceras. Tal vez estés asintiendo con la cabeza, ¡o hasta gritando amén y aleluya al pensar cómo se aplicaría esto a tu situación! Sin embargo, de ninguna manera estoy aprobando las sugerencias de esos comentaristas rabínicos. Solo considero importante que veas que había una tradición interpretativa que protegía los derechos de las mujeres víctimas de divorcios no deseados debido a alguna de las tres categorías de abandono.

Si la mujer presentaba un motivo válido para divorciarse, se le otorgaba el certificado de divorcio, y además se quedaba con la dote *(ketuba)* y las multas o las penas económicas que hubiera pagado el esposo. Ese es otro detalle importante, porque demuestra que Dios quería la libertad y la seguridad de la mujer, pero también ayudarla a triunfar en sus futuras iniciativas sin la cobertura del esposo.

Perfecto, pero ¿qué vemos en el Nuevo Testamento?

Al explorar algunas de las palabras más directas de Jesús sobre el divorcio, quiero que recordemos del comienzo de esta sección la importancia del contexto social, histórico y cultural de la Biblia. Cuando Jesús habla lo hace con ese contexto en mente. Eso significa que debemos leer Sus palabras y considerar ese marco contextual que guiaba a la audiencia y los lectores originales hacia la interpretación correcta.

Regresemos a Mateo 19. Unos fariseos acorralaron a Jesús y comenzaron a acribillarlo a preguntas sobre el divorcio. Le hicieron esas preguntas específicas por un motivo. Querían tenderle una trampa, involucrarlo en un intenso y famoso debate sobre la interpretación correcta de la palabra traducida como «indecoroso» *(ervá dabár)*. La cuestión era si se trataba de *cualquier* cosa indecorosa o algo indecoroso *específico* (Deuteronomio 24:1-4). Los fariseos querían que Jesús se inclinara por el bando (o la escuela de pensamiento) de Hilel o el de Shamai.

La escuela de pensamiento de Hilel reconocía que la expresión hebrea *(ervá dabár)* podía significar «una cuestión» o «algo indecoroso». Entonces, llegaron a la conclusión de que uno podía divorciarse por «cualquier cuestión indecorosa». Un ejemplo extremo que vemos en documentos rabínicos es que el hombre podía divorciarse si a la esposa «le quedaba mal una comida».[5] Como te podrás imaginar, ¡eso no está bien! La escuela de pensamiento de Shamai, en cambio, consideraba que el divorcio solo era viable ante el hecho indecoroso del adulterio.

Jesús detectó la trampa que le quisieron tender. Se dio cuenta de que los fariseos querían hacerlo elegir entre esas dos grandes escuelas de pensamiento, la de Hilel y la de Shamai. Él, con maestría, desmanteló la trampa.

«Algunos fariseos se acercaron y, para ponerlo a prueba, le preguntaron: —¿Está permitido que un hombre se divorcie de su esposa por cualquier motivo?» (Mateo 19:3). Sin embargo, Jesús comienza la conversación sobre el matrimonio y el divorcio con una digresión, a propósito. Empieza diciendo: «¿No han leído...?» (v. 4), en lo que para mí es una respuesta épica. Se suponía que los fariseos eran famosos por lo leídos que eran, ¡y Jesús les cuestiona justamente su falta de lectura! Primero, menciona el ideal de Dios para el matrimonio: es entre un hombre y una mujer. Por ende, el concepto del matrimonio es monógamo, no polígamo. Esa aclaración es importante, porque en el mundo antiguo se aceptaba la poligamia (aunque de a poco iba perdiendo popularidad entre los israelitas). En ese tipo de sociedad poligámica, el adulterio era siempre una ofensa contra el esposo. Consistía en la infidelidad sexual de una mujer casada. Un hombre podía tener relaciones con una mujer soltera y, en un sentido técnico, no ser culpable de adulterio, sino de fornicación.

Jesús no iba a aceptar eso. Su respuesta insinúa una ampliación del contexto del adulterio: si un hombre duerme con alguien que no sea su esposa, se trata de adulterio, tal como si una mujer fuera infiel sexualmente a su esposo. En otras palabras, antes de siquiera atender la pregunta sobre el divorcio, Jesús se ocupa de elevar el valor de las mujeres.

Veamos cómo se desarrolla la conversación en Mateo 19:7-9:

> Ellos replicaron:
>
> —¿Por qué, entonces, *mandó Moisés* que un hombre diera a su esposa un certificado de divorcio y la despidiera?
>
> —*Moisés les permitió* a ustedes divorciarse de sus esposas por lo obstinados que son —respondió Jesús—. Pero no fue así desde el principio. Les digo que, excepto en caso de inmoralidad sexual, el que se divorcia de su esposa y se casa con otra, comete adulterio. (Énfasis añadido)

Los fariseos estaban citando e interpretando Deuteronomio 24:1, donde leemos: «... le escribirá carta de divorcio, y se la entregará en su mano, y la despedirá de su casa» (RVR1960).

La gramática hebrea de ese versículo es ambigua. Podría interpretarse como una posibilidad o como una obligación. Los fariseos interpretaban como una obligación el divorcio, pero Jesús aclara el significado e interpreta el versículo a la luz del evangelio. Se trata de una posibilidad: está permitido, pero no es obligación. Es más, Jesús señala que el divorcio está permitido únicamente por «la dureza del corazón» o «la terquedad del ser humano». Eso significa que Jesús abre la puerta al divorcio en el caso de que el culpable demuestre «dureza del corazón» mediante la ausencia sostenida y obstinada de arrepentimiento.

Lo que está diciendo Jesús es que la interpretación de Hilel del divorcio por cualquier motivo no se condice con la voluntad de Dios. Además, el divorcio ante el adulterio está permitido, pero no es obligatorio.

> Jesús se ocupa de elevar el valor de las mujeres.

Regresemos al tema de la cultura y el contexto. Hay quienes interpretan entonces que el adulterio es el único motivo aceptable para divorciarse, pero recuerda que Jesús hace referencia a la historia de Israel del Antiguo Testamento. A propósito, remite a la parte de la Escritura donde se trata la cuestión del abandono (emocional, material y físico). La audiencia original *no* habría interpretado aquí que el divorcio se limita a los casos de adulterio. Ellos habrían leído entrelíneas y habrían detectado que Jesús, desde luego, tenía en mente las otras categorías o los otros «motivos válidos».

Valoro mucho la manera de explicarlo del doctor Instone-Brewer, uno de los principales eruditos del estudio del divorcio en la Biblia:

> Los judíos contemporáneos habrían agregado mentalmente algo como esta excepción, estuviera presente o no. Hubieran

agregado «excepto por motivos válidos» (si pensaban en el divorcio en general) o «excepto por algo indecoroso» (si pensaban solo en Deuteronomio 24:1).[6]

Otro «pasaje problemático» o al menos confuso es el de Pablo sobre el matrimonio, el divorcio y las segundas nupcias en 1 Corintios 7.

Primero, necesitamos comprender el mundo grecorromano de la época de Pablo. La gente de esa sociedad tenía total libertad de divorciarse, lo cual generó un ambiente donde el matrimonio no se tomaba en serio. Esto refleja la escuela de pensamiento de Hilel, donde la separación y el divorcio podían surgir por cualquier motivo. El contrato matrimonial se escribía casi como un testamento actual. Si se divorciaban, en el contrato se identificaba quién recibía qué dinero y qué activos. Esto generaba un dilema ético. Si querías dejar tu matrimonio porque querías quedarte con todo el dinero y los recursos, sencillamente podías iniciar el proceso de divorcio e irte. Es decir, no era difícil. De hecho, en el contexto grecorromano, los hombres y las mujeres podían divorciarse por cualquier motivo. El dueño de la casa podía ordenarle al cónyuge que se fuera. También el cónyuge podía mudarse y, en ese momento, se consideraba que había existido un divorcio. Bueno, ahora, con toda esta información del contexto, podemos interpretar lo que afirma Pablo en 1 Corintios 7.

En este pasaje, parece que Pablo se refiere a este problema cultural y social específico. Desea traer el péndulo de regreso a la mitad, a las obligaciones del pacto matrimonial, basándose en los pasajes que ya hemos visto del Antiguo Testamento. Desde luego, el adulterio y la infidelidad eran motivos claramente válidos para divorciarse. Sin embargo, Pablo regresa a la interpretación del Antiguo Testamento y trata también las obligaciones emocionales del matrimonio en 1 Corintios 7:1-5 y las obligaciones materiales del matrimonio en 1 Corintios 7:32-35. Él rechaza la versión grecorromana del divorcio de Hilel, que permitía la separación por cualquier motivo. En cambio, admite que el divorcio es «válido» ante la infidelidad, el abandono emocional o el abandono material.

La gran dificultad para nosotros al estudiar lo que la Biblia enseña sobre el divorcio consiste en no caer en la trampa de la escuela de Hilel y abandonar un matrimonio solo porque se ha tornado incómodo, problemático o demasiado difícil. Existe una diferencia entre alguien que muestra egoísmo y alguien que no hace caso a su egoísmo hasta que pasa a ser autodestructivo. Por eso es tan importante recibir buenos consejos, dejarse guiar por el Espíritu Santo y recurrir a un terapeuta profesional.

En este capítulo, hemos cubierto muchos pasajes bíblicos. Los teólogos sentimos el peso de la responsabilidad al estudiar y escribir sobre temas o preguntas como estos. Para mí, es sumamente importante destacar que mi intención no es justificar el divorcio. No quiero que mis palabras se interpreten mal, pero tampoco quiero que la gente sufra por no estar bien informada. Mi gran anhelo es ayudarte a conocer la verdad, porque la verdad te hará libre (Juan 8:32). La Palabra de Dios no debe emplearse para atacarnos, hostigarnos ni avergonzarnos. Debe emplearse para acercarnos a Él, darnos convicción de pecado y, a fin de cuentas, guiarnos a la libertad, y esa libertad debería ayudarnos a sanar.

En Salmos 107:20, leemos: «Envió su palabra para sanarlos y así los libró de la fosa». Recuerda estas palabras, amiga. Resiste a la tentación de alejarte del Señor cuando tengas preguntas y duras batallas en lo profundo del alma. Más bien, permite que la Palabra de Dios te siga librando y sanando.

EL RINCÓN DEL TERAPEUTA, CON JIM

Fuera de la Escritura, la siguiente frase de Scott Peck tomada de *El camino menos transitado* es la que más he citado en mis últimos 25 años como terapeuta: «La salud mental es un proceso continuo de compromiso con la realidad cueste lo que cueste».[7] Cuando se la cito a mis clientes, la resumo así: «La salud mental es asumir un compromiso con la realidad cueste lo que cueste». Vuelve a leer eso y concéntrate en el final. «Cueste lo que cueste». En todos mis años como terapeuta, jamás le recomendé a nadie que se divorcie. Lo que hago es acompañar a la persona mientras saca sus propias conclusiones y equiparla con su propia sabiduría terapéutica para procesar una de las decisiones más difíciles de su vida.

Ya sea que aún estés decidiendo qué hacer, estés divorciada o hasta te hayas vuelto a casar, quiero darte una herramienta para que sigas hablándote «la verdad en amor» (Efesios 4:15, NBLA) y así puedas mantener ese compromiso con la realidad cueste lo que cueste.

Toma una hoja y haz dos columnas. En la parte superior de una columna, escribe «Realidades de lo que he vivido en mi matrimonio». Puede ser cualquier cosa que tu cónyuge haya hecho o dicho que te haya lastimado. El título de la segunda columna debe ser «Impacto sobre mí de esas realidades». Considera el impacto sobre tu mente, sobre tu salud mental, física, emocional y espiritual, sobre tus finanzas y, en esencia, sobre la única vida que tendrás el privilegio de transitar en la tierra.

Cuando Lysa tuvo una de sus épocas más difíciles, intentando salvar su matrimonio, pero sufriendo todo el tiempo nuevos traumas, se le retorció el colon. Tuvieron que operarla para salvarle la vida. El cirujano le preguntó si había tenido un accidente automovilístico importante, porque el trauma dentro de su cuerpo era sumamente grave. Ella no había tenido ningún accidente. Se trataba de un gran trauma emocional. Después, ella me trajo una fotografía que le había dado el médico. En todos mis años como terapeuta, nunca había visto una imagen real del costo corporal de un trauma emocional prolongado. Nunca pude olvidar aquel día. Por eso, cuando hablo de que tengas en cuenta el costo para tu salud, quiero que seas sincera de verdad sobre los estragos que te está causando esta experiencia.

Si tu divorcio fue hace varios años, de todos modos quiero que examines las consecuencias de lo que atravesaste. Además, si tienes hijos, debes considerar sin dudas el impacto sobre ellos de un matrimonio tóxico, destructivo o insalubre. Con frecuencia les digo a las mujeres que me vienen a ver: «Tus hijos merecen una figura parental sana». Hacer estos ejercicios y analizar con sinceridad los efectos de esta experiencia puede ser parte importante del proceso de sanar.

Si haces este ejercicio sola y de pronto te atormentan las emociones o los recuerdos, recurre a una amiga de confianza o a un terapeuta para procesar esas realidades. Lo que queremos es evaluar el costo verdadero; es decir, cómo te has visto afectada. Si no examinamos ese impacto, no podrás sanar de la manera que necesitas.

CAPÍTULO 5

¿Por qué Dios no impidió que sucediera todo esto?

Lysa por aquí otra vez. Cuando estás a punto de divorciarte, aunque te sientas bien plantada en lo que la Biblia afirma al respecto, a veces el sufrimiento es increíblemente intenso de todos modos. Puede parecer que Dios no interviene a tu favor. En mi caso, no dudé de que Dios estaba conmigo. Lo que me rompió el corazón una y otra vez fue tener la convicción de que Dios me ama, me cuida y es omnipotente, pero sentir en algunas situaciones que Él no estaba haciendo nada para ayudarme. Recuerdo escribir en mi diario en varias ocasiones: «Dios me ve, sabe lo que sucede y se está ocupando de librarme de esto». Sin embargo, tras escribir esas palabras con seguridad, me sentía cada vez más confundida. Escribía lo que sentía que debía afirmar, pero no lo que sentía de verdad.

Seguían surgiendo situaciones difíciles. Siempre el viento parecía ir a favor de mi exesposo. Tantas veces parecía tener la vida perfecta mientras a mí todo se me tornaba cada vez más difícil. Conoció a otra mujer enseguida. Se tomó las vacaciones soñadas. No tuvo que ocuparse de las consecuencias emocionales para los niños. No tuvo que llevar la carga de intentar que todo siguiera igual para ellos junto con la presión económica de sostener un hogar, ya no con dos salarios, sino con uno.

¿Qué había de justo en todo esto? ¿Cuándo me iban a rescatar? ¿Cuándo me tocaba alguna especie de alivio temporal?

Intentaba tanto honrar a Dios y hacer lo correcto. Sabía que no era perfecta, pero me carcomía el corazón la sensación de haber hecho lo que Dios exigía. Entonces, ¿cuándo sería el gran momento en que Él impidiera que me siguieran surgiendo dificultades?

Mi divorcio ya estaba casi definido, pero seguía siendo atacada.

Mi exesposo me demandó. Al leer sus acusaciones, quedé boquiabierta y el corazón se me salía del pecho. Me repetía a mí misma: «No puede ser cierto. Ya no puedo más. ¿Por qué podría Dios permitir esto?». Otra vez, mi vida quedó patas arriba y la leve sensación de estabilidad que estaba recuperando quedó hecha añicos. Lo que debí hacer para defenderme de sus acusaciones desacomodó mis horarios, mis emociones y toda seguridad que pudiera haber tenido de algún día estar bien, por no mencionar el dinero que me costó.

Declarar en tribunales fue tan difícil. Tuve que responder preguntas pensadas para hacerme caer, para hacerme quedar mal y para acusarme de cosas sumamente dolorosas. Recuerdo sentarme en esa silla sintiendo que la cabeza me iba a explotar por todo lo que hacían para hacerme quedar como la culpable. Al final, gané yo, pero de todos modos las cosas que se afirmaron sobre mí ese día dejaron su marca.

Luego, antes de que pudiera recuperarme de esa demanda, presentó otra.

¿Cuándo se acabaría esta locura?

En algunos casos, el divorcio es amistoso, pero para muchas mujeres no es así. Cuando estás en plena batalla feroz entre diferentes relatos y opiniones sobre cómo deberían ser las cosas, el divorcio no es cuestión de solo firmar unos papeles, dividir las pertenencias y decidir la custodia de los hijos, sino que es toda otra oleada de sufrimiento.

Muchas veces pensé: *Soy la madre de tus hijos. ¿Ni siquiera eso te ablanda el corazón con respecto a mí?*

Además, para las que tienen hijos pequeños, quiero reconocer que es sumamente doloroso entregarle tus hijos a tu excónyuge cuando, en esencia, se trata de tu enemigo en los tribunales. Incluso puede ser mucho más difícil si él ya conoció a otra mujer que ahora pasa tiempo con tus hijos. Recuerdo cuando una amiga me habló sobre la primera vez que vio a su ex llevarse a los niños para pasar un fin de semana con ellos. En el automóvil estaba su nueva novia. Mientras los cuatro se alejaban, ella sintió que le habían robado su vida. Esos días siguientes, otra mujer estaría viviendo la vida que le correspondía a ella.

Nadie debería tener que sufrir esa clase de dolor. Si es tu caso, quiero tomarme un momento para expresarte que lo siento mucho. No quiero que pase un segundo más sin que alguien reconozca ese estrés y ese desgaste que sufres como madre en esa dinámica.

Apenas ayer, conocí dos casos de mujeres que están en plena batalla legal por el divorcio, y parece que triunfará el mal. En medio de esa batalla quizás no tengas mucha noción de tu estado, pero cuando debes escuchar al otro abogado cortarte en pedacitos sientes que no podrías estar peor. Si esa es tu situación actual o lo que te tocó atravesar en el pasado, odio que hayas debido experimentar ese tipo de sufrimiento encima de todo lo demás.

Yo soy hija de padres divorciados y recuerdo ser demasiado chica como para entender de verdad lo que estaba viviendo mi madre. Ahora ya de adulta, con un entendimiento mucho más claro de las cosas, me gustaría haberla tratado mejor en ese entonces y haber sido más agradecida por todo lo que hizo por mi hermana y por mí.

Nuestros hijos eran más grandes en el momento de las demandas; por ende, no tuve que pelear la batalla de la custodia. De todos modos, ver a nuestros hijos en medio del fuego cruzado fue un espanto. *¿Cómo puede haber acabado así esta familia? ¿Cómo puede ser esta la realidad que les toca vivir a nuestros hijos? ¿Y por qué tiene que durar tanto esta situación?* Todo parecía sin sentido, doloroso y ridículamente caro.

Me ilusioné tantas veces con que Dios cambiara las cosas a mi favor, pero un día tomé mi diario y me di cuenta de que no podía seguir escribiendo sobre la fidelidad de Dios. Dejé a un costado el bolígrafo y me puse a llorar. *¿Por qué Dios no detiene esto? ¿Por qué permite que esto continúe?*

Intentar responder estas preguntas y anhelar que Dios hiciera lo que para mí debía hacer un Dios bueno no me llevó a nada. Ningún ser humano podía explicármelo porque ningún ser humano comprende por completo la mente de Dios.

Quizás tú tengas tus propias preguntas hoy. Yo no intentaré darte una respuesta de manual para que toda tu situación tenga completa lógica desde una perspectiva espiritual. Incluso ahora, sigo sin tener respuestas para muchas de las preguntas que le hice a Dios. Quiero que dejemos a un lado lo que no sabemos, para poder ser más productivas con lo que sí podemos saber.

Hay dos prácticas que me ayudaron en gran manera:

- Pensar en la fidelidad de Dios a lo largo de mi vida.
- Pensar en la fidelidad de Dios en Su Palabra.

Comencemos con la primera. Yo la llamo «pensar en la mano fiel de Dios». Joel la llama «una teología de la memoria». Los recuerdos a veces duelen, pero yo hablo de aquellos donde ahora ves que Dios estaba siendo bueno cuando tú no veías nada de bueno. Elige un momento, importante o trivial, del que ahora tengas una perspectiva diferente que te permita agradecerle a Dios por cómo orquestó todo. Uno de mis ejemplos sería el momento de mi diagnóstico de cáncer de mama.

En 2017, mi vida era especialmente caótica y yo era un estropajo emocional. Había descubierto otra cosa desgarradora y necesité tomarme licencia para recuperarme. En ese momento, decidí aprovechar para hacerme todos los controles médicos que solía posponer por mis ocupaciones. Uno fue una mamografía. Todavía no era momento de hacérmela, pero como tenía tiempo la adelanté. Tras una serie de estudios, me detectaron cáncer de mama. En aquel entonces, me asombró por completo que Dios permitiera que otro problema se sumara a la desolación emocional que venía sufriendo. Sin embargo, hoy puedo apreciar que, gracias a que los médicos detectaron el cáncer tan temprano, pudieron hacerme una doble mastectomía y hoy estoy curada.

Entonces, ¿la crisis de mi matrimonio de ese verano fue lo peor? Sin dudas, así lo parecía en el momento. ¿O en realidad esa crisis me otorgó el tiempo para hacerme la mamografía, detectar el cáncer antes y así salvar mi vida?

Ese día sentada ante el médico, asombrada de escuchar la palabra *cáncer*, no lo pude apreciar, pero ahora veo con claridad la fidelidad de Dios en esa situación. Podría agregar otros ejemplos menos importantes, pero la única manera en que esos hechos me pueden ayudar a ver la fidelidad de Dios es si me detengo y elijo recordarlos, pensar en ellos y proclamar lo bueno que fue Dios. Si puedo recordar lo bueno que fue Dios, es más fácil creer que hoy es bueno también, aunque no lo perciba. Sea cual fuere tu ejemplo de fidelidad de Dios en el pasado, recuerda que ese Dios fiel que obró en aquella circunstancia está hoy ocupándose de tu circunstancia actual.

> Ese Dios fiel que obró en aquella circunstancia está hoy ocupándose de tu circunstancia actual.

Esa práctica es tan importante porque, cuando no recordamos, agrandamos nuestros problemas actuales y minimizamos lo que ha hecho Dios. Cuando solo me concentro en lo horrible del presente, entrelíneas estoy suponiendo que el mal está triunfando y Dios no hace nada al respecto. Me olvido de que vivimos en un mundo de pecado desenfrenado (no para siempre, pero sin dudas sí ahora) y de que Dios hace o permite determinadas cosas que no tienen lógica ni son agradables para mí en absoluto en este momento.[1]

Cuando pienso en la fidelidad de Dios en el pasado, sí, aún hay cosas que no entiendo, que no me agradan, que me duelen y que no son lo que esperaría, pero recuerdo que Él sabe más que nosotros, y que a veces hay que aceptar los misterios de Dios y tener fe en Su poder, porque ya ha demostrado ser fiel y lo seguirá siendo. Quiero adoptar una postura que me permita recordar y decir: «¡Dios mío, mira lo que has hecho! Estabas conmigo. Estabas orquestando todo para el bien. En ese momento no lo notaba, ¡pero ahora sí!».

Cuando la tentación era preguntar: «¿Por qué parece que Dios no hiciera nada?», debería haber afirmado lo siguiente: «No sirvo a un Dios pasivo. Él está haciendo algo. Simplemente no lo puedo apreciar *aún*». Esto no alivia el dolor, pero sí aumenta mi fe lo suficiente como para atravesar este día y luego el siguiente.

Entonces, si te cuesta afrontar cada día sintiendo que Dios no hace nada, te entiendo. Te confieso que yo aún debo emplear esta práctica. Esta misma semana, me sucedió algo que me estuvo por generar otro torbellino emocional. Pensar en lo fiel que ha sido Dios en el pasado no resuelve nuestros problemas actuales, pero sí nos sostiene y nos da algo más de fuerza para el día de hoy y esperanza para un futuro mejor.

La segunda práctica consiste en recurrir a la Palabra de Dios, para que sea Su verdad la que nos estabilice, en lugar de buscar estabilidad en nuestras circunstancias tan cambiantes. En lugar de buscar la lógica de cada situación, debemos recurrir a las mejores fuentes de estabilidad: 1) la Palabra de Dios y 2) los pasajes de la Palabra de Dios que nos recuerda el Espíritu Santo.

Una verdad dura que he debido recordarme muchas veces es esta: los momentos en que menos quiero leer la Biblia son los momentos en que más necesito hacerlo. Por eso, quiero dejarte algunas verdades y le he pedido a Joel que nos ayude a comprender mejor lo que cada verdad significa para nosotras.

Joel de nuevo por aquí. Amiga, ojalá que, cuando el sufrimiento se torne intenso, cuando la situación actual no tenga lógica y te atormente la pregunta de por qué Dios no interviene como le has rogado, puedas recurrir a estas verdades.

VERDAD A LA CUAL RECURRIR:
«Estoy convencido de esto: el que comenzó tan buena

obra en ustedes la irá perfeccionando hasta el día de Cristo Jesús». (Filipenses 1:6)

LO QUE SIGNIFICA ESTA VERDAD PARA NOSOTROS:
A veces, estamos en pleno sufrimiento y nos enfocamos en todo lo malo. En este versículo, Pablo, que estaba sufriendo en la cárcel (v. 7), nos recuerda que Dios es bueno y siempre obra para nuestro bien, incluso cuando lo que nos toca vivir no es agradable. En cierto sentido, esto nos remonta al jardín del Edén. En el relato de la creación, todo lo creado por Dios es denominado «bueno» (Génesis 1). Pablo parece tener eso en mente, al recordarnos no perder de vista la buena obra de Dios en nosotros. Incluso si te suceden cosas que parecen cualquier cosa menos buenas, recuerda que Dios puede tomar el mal que te hagan y usarlo para el bien (por ejemplo, fíjate en la vida de José: Génesis 50:20).

Tenemos la posibilidad de lidiar sinceramente con todos los sentimientos que llegan con el sufrimiento, pero también tenemos la posibilidad de aferrarnos a la verdad de que Dios no se caracteriza por dejarnos en la ruina. Nuestro camino puede llevarnos a un lugar donde no queramos ir y quizás no veamos alivio para nuestro sufrimiento de este lado de la eternidad, pero recordemos que lo bueno es lo que Él está obrando en nuestro interior, más allá de las situaciones y las circunstancias.

VERDAD A LA CUAL RECURRIR:
«Por lo tanto, pónganse toda la armadura de Dios, para que cuando llegue el día malo puedan resistir hasta el fin con firmeza. Manténganse firmes, ceñidos con

el cinturón de la verdad, protegidos por la coraza de justicia y calzados con la disposición de proclamar el evangelio de la paz». (Efesios 6:13-15)

LO QUE SIGNIFICA ESTA VERDAD PARA NOSOTROS:
Cuando estamos sufriendo, es fácil sentirnos solos, pero Dios no nos ha dejado pelear ni una sola batalla por nuestra cuenta. Es más, en Efesios 6, nos explica cómo debemos pelear. Es probable que hayas escuchado muchas prédicas sobre la armadura de Dios. Uno de los aspectos más importantes de la armadura es el foco en la verdad. Enseguida leemos que hay que ajustarse el cinturón de la verdad.

Un detalle fascinante sobre la armadura de los soldados romanos es que el cinturón tenía dos funciones: primero, marcaba el rango militar y muchas veces exhibía los actos de heroísmo en las batallas (como las medallas que reciben ahora los soldados), y en segundo lugar el cinturón sostenía la espada, la principal arma ofensiva del soldado, y en algunos casos además sostenía una daga mediante la correa de alguno de los hombros.[2] Por ende, el cinturón era crucial para indicar a quién pertenecía uno y qué defendía. Para el creyente, el cinturón es clave, porque la verdad es la esencia del evangelio (Efesios 4:25).[3] La verdad es lo que nos estabiliza al atravesar el sufrimiento y las dificultades. Necesitamos ajustarnos a la verdad, para poder discernir entre lo verdadero y lo falso. Es más, con sabiduría, podremos determinar qué es verdad y qué es casi verdad. La verdad nos equipa para discernir, y el discernimiento es fundamental en nuestra batalla.

VERDAD A LA CUAL RECURRIR:
>«Se me estremece el corazón dentro del pecho,
>   y me invaden los terrores de la muerte.
>El temor y el temblor me dominan,
>   el pánico se apodera de mí.
>¡Cómo quisiera tener las alas de una paloma
>   y volar hasta encontrar reposo!
>Pero yo clamaré a Dios,
>   y el Señor me salvará». (Salmos 55:4-6, 16)

LO QUE SIGNIFICA ESTA VERDAD PARA NOSOTROS:
Cuando estamos sufriendo, queremos dejar de hacerlo. Esto no solo es comprensible, sino también totalmente normal. Sin embargo, quizás debamos hacer algo primero. Debemos tratar el miedo, que suele ser el combustible de nuestro sufrimiento. David, en Salmos 55, lo entendió con claridad. Habla de que lo dominan el terror, el temor y el temblor. La consecuencia de esos miedos es el sufrimiento, y la peor parte del miedo es que tiende a paralizarnos en ese estado de sufrimiento. Ahora que lo sabemos, ¿qué podemos hacer al respecto?

Primero, debemos ser sinceros y llamar a nuestros miedos por su nombre. En Salmos 55:3, David identifica que sus miedos surgen de las palabras de sus enemigos, del desasosiego cuando otros actúan con maldad hacia él, y de la calamidad y el hostigamiento que proviene de quienes están decididos a lastimarlo. Peor aún, David afirma que estos males provienen también, en parte, de personas que él consideraba amigos. Sospecho que todos podríamos alzar la mano, asintiendo, y responder: «Te entiendo a la perfección». Entonces, ¿cómo maneja

David todo esto? ¿Cómo debemos manejarlo nosotros? David señala en el versículo 16: «Pero yo clamaré a Dios, y el Señor me salvará».

Aquí te dejo algunas garantías más de Salmos 55 que quizás te aporten consuelo y valentía: «¡Dios, que reina desde la eternidad, habrá de oírme y los afligirá! *Selah* Esa gente no cambia de conducta, pues no tiene temor de Dios» (Salmos 55:19). Observa el *selah*, una instrucción musical incluida intencionalmente en el medio de este versículo. Esa es la Palabra de Dios indicándonos que nos tomemos un momento para reflexionar y para creer esa verdad. Debemos tener en cuenta eso cuando tememos a quienes nos lastiman y nos siguen lastimando. Si nos han humillado sin arrepentirse, ellos un día serán humillados. Aquí es donde Lysa diría: «Y todas mis chicas que aman la justicia exclaman "amén"».

Luego, hacia el final del salmo, David nos alienta: «Entrégale tus afanes al Señor y él te sostendrá; no permitirá que el justo caiga y quede abatido para siempre» (Salmos 55:22). Observa la palabra *caiga* en este versículo. ¿Habrá momentos en que tambaleemos? Sí, pero la Palabra de Dios es el pilar al que podemos recurrir una y otra vez para recuperar la estabilidad y la esperanza.

VERDAD A LA CUAL RECURRIR:
«Pues estoy convencido de que ni la muerte ni la vida, ni los ángeles ni los demonios, ni lo presente ni lo por venir, ni los poderes, ni lo alto ni lo profundo, ni cosa alguna en toda la creación podrá apartarnos del amor que Dios nos ha manifestado en Cristo Jesús nuestro Señor». (Romanos 8:38-39)

LO QUE SIGNIFICA ESTA VERDAD PARA NOSOTROS:
Hay cosas que suceden que no lograremos comprender de este lado de la eternidad. Si somos sinceros, es algo que cuesta aceptar, pero debemos avanzar hacia una aceptación de esa perspectiva. Una manera de lograrlo es recordar que, más allá de *por qué* sufrimos, podemos confiar en *quien* está con nosotros en medio de ese sufrimiento.[4] Aún más tranquilizador es saber que nada podrá separarnos de Él. Eso es fácil de olvidar cuando nos consume el dolor porque quien prometió amarnos, valorarnos y acompañarnos nos ha abandonado. Aférrate a esta verdad hoy: Jesús nunca nos soltará, aunque sintamos que todo se nos escurre entre los dedos. Estamos protegidos en las manos fieles de Cristo.

VERDAD A LA CUAL RECURRIR:
«Y no solo [nos regocijamos] en esto, sino también en nuestros sufrimientos, porque sabemos que el sufrimiento produce perseverancia; la perseverancia, entereza de carácter; la entereza de carácter, esperanza. Y esta esperanza no nos defrauda, porque Dios ha derramado su amor en nuestro corazón por el Espíritu Santo que nos ha dado». (Romanos 5:3-5)

LO QUE SIGNIFICA ESTA VERDAD PARA NOSOTROS:
En medio de la aflicción, es normal querer rendirse. Cuando estamos sufriendo, la reacción natural es querer abandonar, pero la Biblia nos da esperanza para perseverar. Cuando sufrimos, vivimos lo que vivió Cristo. Existe una unión diferente y especial con Cristo que solo surge en el sufrimiento.

Piensa en el nuevo pasatiempo popular de sumergirse en agua fría. Al exponernos al agua fría, emitimos neurotransmisores específicos, como la serotonina, el cortisol, la dopamina, la norepinegrina y la β-endorfina.[5] Todos ellos cumplen un papel en la regulación de las emociones y del estrés. Su ausencia está relacionada con la depresión, la ansiedad y hasta desajustes emocionales.[6] En cierto sentido, nos resistimos al sufrimiento tal como nos resistimos a sumergirnos en el agua fría. Cuando al fin nos sumergimos, el agua fría produce algo bueno, aunque en el momento no lo disfrutemos. Por eso Pablo señala que el sufrimiento produce perseverancia, carácter y esperanza. Lo mejor de todo esto es que nuestro corazón herido se llena del Espíritu Santo, que derrama Su amor en nosotros.

Lysa nuevamente por aquí. Quiero alentarte a marcar con un autoadhesivo esta parte del libro. No se trata de un capítulo más para leer; es aliento bíblico al que quiero que dediques tiempo y recurras cada vez que lo necesites.

Ahora, para concluir, quiero orar por ti.

Señor, tu nombre es poderoso. Recurro a tu nombre una y otra vez por mi hermana que está leyendo esto.

Jesús, Jesús, Jesús, por el sufrimiento que le toca vivir. Jesús, Jesús, Jesús, por la desazón en su corazón cuando piensa en todo lo que ha perdido. Jesús, Jesús, Jesús, por sus preciados hijos. Jesús, Jesús, Jesús, por cada una de sus preguntas sin respuesta y todo lo que querría comprender. Jesús,

Jesús, Jesús, por la confusión, el temor, la desesperanza y la sensación de impotencia. Recurro al nombre de Jesús por todo, para todo, en todo y ante todo. Déjala ver un destello de ti, Señor, con una claridad imposible de obviar. Arrópala con tus tiernas misericordias y ayuda a su entorno a saber cómo acompañarla en esta etapa.

En tu poderoso nombre, amén.

EL RINCÓN DEL TERAPEUTA, CON JIM

En mi experiencia como terapeuta, es común que la gente hable con todo el mundo sobre las dificultades y los problemas que afronta, pero no haya ido en dirección vertical para hablar directamente con Dios y expresarle con sinceridad sus preguntas y emociones.

Yo suelo proponerles a las personas que atiendo que dejen una silla vacía e imaginen que Dios está allí para escucharlos. Hazlo, y lo que te venga a la mente debes expresarlo. Dios puede soportar todo y quiere que le comuniques tus pesares, tus preguntas y tus sentimientos más íntimos. Luego, aquieta el corazón, suelta esas lágrimas y escucha las palabras tiernas, compasivas y sanadoras de Dios. Calla y escucha.

CAPÍTULO 6

La vida va cambiando, pero tú puedes decidir cómo cambiar

Lysa aquí de regreso. El divorcio cambiará muchos aspectos de tu vida, y cada cambio irá acompañado de diferentes emociones. Algunos cambios te generarán alivio. Recuerdo que al comienzo estaba tan desesperada por que acabara ese caos de dolor que el silencio en el hogar me generaba alivio, pero después de un rato ese silencio me generaba soledad y temor.

La ausencia de ruido dejaba un hueco que enseguida se ocupaban de llenar mis pensamientos desenfrenados. Supongo que había estado en modo supervivencia por tanto tiempo que mi mente se había concentrado en las desventajas más evidentes del divorcio, en lugar de las microdesventajas que irían surgiendo luego. Más adelante, esas microdesventajas comenzaron a aparecer. Eran cambios no previstos para los que no me había preparado. No me había dado cuenta de que serían oleadas de pesar inesperado que me derribarían.

Me refiero a cosas como el inicio de una nueva temporada del programa de televisión que mirábamos juntos, un mensaje de correo electrónico con una oferta de boletos de avión para un viaje que habíamos proyectado, la pila de leña que él había preparado y ahora iba bajando sin que nadie la repusiera, la tarea de decorar la casa para Navidad y encontrar su colección de cascanueces que iba ampliando cada año, la cama sin hacer porque él se encargaba de esa tarea, las invitaciones a eventos que seguían llegando a nombre de Sr. TerKeurst y esposa, el mensaje de texto para recordar que es hora de cambiar el aceite del auto, o los amigos que no veía hace mucho y me seguían preguntando por nosotros en plural sin saber que nos habíamos separado.

No era que yo estuviera en Instagram, fijándome en qué andaba él, en busca de profundizar el dolor. No. Eran situaciones que simplemente surgían en el día a día.

Esas bofetadas de realidad van a llegar.

Una amiga que está en las primeras etapas de un divorcio me llamó la semana pasada entre lágrimas. Su esposo siempre doblaba las toallas de un modo particular y perfeccionista. Esa mañana ella abrió el armario del baño y se dio cuenta de que le quedaban las últimas toallas dobladas de esa manera. Ni se imaginaba que algo así la impactaría tanto. Lloró todo el camino al trabajo y luego me llamó desde el estacionamiento. No podía procesarlo porque no lo podría haber previsto. Una mañana cualquiera tuvo que afrontar otro cambio, otro duelo. Yo le expliqué que era normal y que me había pasado lo mismo. Eso no alivió su dolor: ella tuvo que atravesarlo y esperar a que la herida abierta cicatrizara.

El matrimonio es el entrelazado de dos vidas de manera tan íntima como sucede con los hilos de una tela. El divorcio es la separación de esos hilos. Es imposible lograrlo sin arrancar y romper muchos, muchos hilos. Ver cómo se hace pedazos lo que te esforzaste tanto por unir no genera apenas tristeza, sino un pesar profundo que hay que transitar, llorar, lamentar y soltar una y otra vez. Cada vez que algo resucita esa sensación intensa de pérdida, hace falta otro minifuneral, un momento apartado para tomar la decisión de enterrar en una tumba imaginaria otro pensamiento, otra expectativa u otra ilusión sobre un futuro que ya no existirá con esa persona.

Esto puede durar años. Todo el amor que debería existir se ha convertido en algo dolorosamente extraño. Independientemente de lo buenas o malas que sean las relaciones tras el divorcio, la muerte de un matrimonio es una pérdida que hay que superar, por la que hay que orar y hablar con un terapeuta u otro amigo de confianza que pueda ayudarte a procesar el dolor.

La cura para el duelo no es el tiempo. Si bien el tiempo ayuda con la intensidad y la frecuencia del dolor, no es lo que al fin cierra determinados capítulos de tu vida. La cura es la aceptación. Es inútil esperar que resistirse a la realidad disipe el dolor. No va a suceder. Solo te irás ahogando en la desesperanza.

Yo no quería soltar el futuro que pensaba y soñaba que tendríamos, ni la unidad de nuestra familia bajo un mismo techo, ni la ilusión de que los hijos de grandes «nos» visitaran para pedirnos consejo a papá y mamá en la mesa de la cocina. Sin embargo, lo que no me permitía soltar ese futuro no estaba basado en la realidad, porque no solo debía aprender a aceptar que ese futuro no llegaría nunca, sino que además debía aprender a aceptar cuál había sido la realidad de nuestra vida en los años previos al divorcio.

En gran parte, ese duelo se me hizo sumamente largo porque seguía idealizando aspectos de nuestra vida en pareja, en lugar de ver cuál había sido la realidad. Retocaba los recuerdos para que fueran mejores de lo que había sido la realidad. Me costaba mucho soltar esos años previos al divorcio, pero no como habían sido en realidad, sino como deberían haber sido, como yo deseaba que hubieran sido.

Imaginaba esas interacciones cotidianas sin el miedo a verlo con el teléfono y pensar a quién le escribía, sin la ansiedad que me generaban sus secretos, sin mi desconcierto cuando anunciaba que tenía otro viaje de último momento, sin que me hiciera sentir la loca, sin inventar yo excusas para cubrirlo y sin ese desasosiego de pensar que todo podía explotar por el aire en un segundo.

Tuve que obligarme a inyectar una dosis razonable de realidad en cada uno de esos recuerdos idealizados. Digo una dosis razonable porque no queremos irnos al otro extremo y terminar acumulando ira y pensando en cómo vengarnos. Sin embargo, fue importante alinear mis pensamientos con la realidad que habíamos vivido bajo el mismo techo. Por momentos, fue un proceso espantoso el de obligarme a recordar realidades dolorosas pero necesarias para aprender a aceptar lo perdido en el divorcio.

Cuando mi amiga me llamó apesadumbrada por usar las últimas toallas que había doblado el esposo, la desafié a inyectar realidad en sus pensamientos. En lugar de imaginarlo guardando esas toallas en el armario motivado por su amor fiel, la alenté a recordar que él estaba teniendo un amorío mientras guardaba las toallas. Hasta podría haber estado escribiéndose con su novia mientras colocaba las toallas. Podría haber estado pensando en su próximo encuentro con ella. Peor incluso, podría haber doblado toallas en la casa de ella mientras mi amiga no tenía la menor idea de lo que sucedía.

Tal vez no pasó nada de eso con las toallas, pero, si tu esposo te viene tratando de maneras deshonrosas, las toallas dobladas (como metáfora) no son un gesto puro de amor por ti. Entonces, recuerda tener en cuenta la realidad cuando la nostalgia amenaza con desbordarte emocionalmente. Extrañas la vida que *querías*, no la que tenías. Eso no significa que debas enfocarte solo en lo malo y llenarte de resentimiento. Significa que debes recordar las cosas de manera correcta, para seguir en contacto con la realidad.

Ahora viene la segunda parte del consejo que le di a mi amiga: «Esta es una oportunidad para que decidas tú cómo quieres doblar las toallas. Él ya no tiene derecho a tomar esa decisión. Si te gusta como lo hacía él, puedes seguir haciéndolo así. O bien, puedes inventar un método totalmente nuevo. Puedes doblarlas en cuadrados, enrollarlas, en rectángulos, o con formas de animales como en los cruceros. También puedes no doblarlas hoy y solo dejarlas en una pila para ocuparte mañana. La cuestión es que es tu decisión. Es tu oportunidad de decidir cómo quieres doblar las toallas, hacer la cama, viajar y cocinar. Si no quieres volver a sentir la presión de tener que cocinar, puedes descargar una aplicación de comida a domicilio y listo. Ah, y si quieres pintar tu habitación de un tono rosáceo precioso o un verde oliva impactante que él detestaría, adelante, amiga».

Con nada de esto busco glorificar el divorcio. Solo es un recordatorio de que, en medio de tantos cambios que te resultan difíciles y desgarradores, no todo es negativo. Ahora puedes decidir de qué color pintar tu mundo, determinar cómo organizas tu armario y elegir qué canal mirar.

> Ahora puedes elegir cómo vas a cambiar tú.

También puedes elegir cómo vas a cambiar tú.

Aún más importantes que esas cuestiones externas son las situaciones internas en tu mente y tu corazón. El trauma no es solo lo que sucedió, sino también lo que ahora te dices a ti misma por lo que sucedió.

Esta es la parte donde me gustaría estar juntas en persona para poder estirarme por encima de la mesa, tomarte la mano, mirarte directo a tus hermosos ojos y llegar a los rincones de tu alma. Él ya no tiene derecho a ser protagonista del relato de tu vida.

>   Él perdió ese derecho cuando te soltó la mano.
>   Cuando se negó a abandonar sus malos comportamientos.
>   Cuando te prometió que las cosas serían diferentes sin intenciones de cumplir.
>   Cuando demostró que no podías confiarle tu corazón.
>   Cuando tomó decisiones egoístas y renunció a su rol de protector de tu vida.

Asimila esas cinco frases, leyéndolas en voz alta a modo de declaración, reemplazando «Él» con su nombre.

Ahora, recuerda lo siguiente: que tu exesposo te haya soltado la mano, que no le hayas podido confiar tu corazón y que te haya abandonado no significa que con Dios te vaya a suceder lo mismo. La Biblia deja en claro que Dios no se irá. Él es quien estará a tu lado en tu duelo, quien será testigo de tu soledad y se te dará a conocer en esos momentos difíciles, porque tiene una ternura especial por los abatidos (Salmos 34:18) y, ante todo, debes recordar que Dios te ama. Ser amada por Dios significa que Él siempre busca el bien mayor para ti. No significa que vaya a eliminar el dolor, sino que te hará crecer a través del dolor, a fin de que halles la perseverancia que necesitas para afrontar todo lo que se venga.

Hace mucho que no te tratan con ternura. Tu esposo no buscó el bien mayor para ti, se olvidó del tesoro que eres, perdió de vista el regalo que fuiste para él, se desvió del camino e intentó venderte la mentira de que no valías el esfuerzo de cambiar lo suficiente como para merecer todo el amor que intentaste darle. Sin embargo, Dios es diferente.

Imagina que Dios te toma la cara con Sus manos y te susurra una y otra vez: «Te amo, te amo, te amo». No necesitas ganarte el amor de Dios ni demostrarle que mereces ser amada. Su amor nunca llega con un signo de interrogación, sino solo con muchos signos de exclamación. Debes permitir entonces que eso sea lo que te cambie de aquí en adelante.

Me viene todo el tiempo a la mente la miniserie basada en el libro titulado *La luz que no puedes ver*. Hay una escena conmovedora donde una mujer toma el rostro de su hermano entre sus manos antes de que se lo lleven a la guerra. Ella le advierte: «No permitas que te cambien».[1] Eso es lo que quiero que recordemos en esta etapa. No los dejes convertirte en una mujer resentida que ha olvidado lo que vale y ha olvidado que puede doblar las toallas como le plazca. Sí, habrá cambios en todo a tu alrededor, pero si tú cambias que sea para bien.

Ahora, haz esta oración especial:

Padre:

Eres tan bueno. Puedo confiar en ti. Ayúdame a acompañar los momentos difíciles de este día con declaraciones de mi confianza en ti. La realidad que afronto hoy no se limita a lo que mis ojos físicos pueden ver. Cuando mi dolor es demasiado intenso y cuando no creo poder soportar otro segundo de sufrimiento, ayúdame a reconocer tu plan y tu protección. Ayúdame a convertir mi incredulidad en el alivio hermoso de no tener que entender todo. Solo debo fijar mi mente en Jesús y en cómo me guiará Él. Este momento queda marcado como un momento de confianza. Declaro que no necesito entender. Solo necesito confiar.

En el nombre de Jesús, amén.

EL RINCÓN DEL TERAPEUTA, CON JIM

Algunas de las preguntas que más me hacen las mujeres son: ¿por cuánto tiempo me sentiré así? ¿Cuándo dejará de doler tanto? ¿Cuándo dejaré de llorar? ¿Por cuánto tiempo seguiré aterrada del futuro? ¿Cuánto tardaré en sanar?

No puedo darte una fecha, pero sí puedo señalarte que el duelo es como una canoa que te sacude continuamente *por toda* la geografía de tus emociones. Desde luego, tras el divorcio puede haber momentos en que te sientas paralizada, en un callejón sin salida, o yendo en círculos sin destino. Sin embargo, el duelo no es tu enemigo. La canoa del duelo y del proceso de sanar te llevará donde necesites ir. Recuerda que la canoa te lleva *por toda* la geografía de tus emociones; es decir, no te *saca* de esa geografía ni te lleva por un atajo para *sortearla*: te hace *pasar por todas* esas emociones.

Sanar es un proceso. Si bien se puede resumir en pocos puntos, quiero mencionar algunos hitos que es probable que te encuentres. De todos modos, cabe destacar que ahora existen varios paradigmas diferentes para comprender el proceso del duelo, pero cuando analices tu proceso personal piensa si puedes reconocer o identificarte con estas cinco etapas del duelo,[2] que yo suelo llamar las cinco etapas del proceso de sanar: 1) negación, 2) ira (contra otros: Dios o personas), 3) negociación, 4) depresión (ira contra ti misma) y 5) aceptación.

1. Negación

Aquí estas, en plena catástrofe de tu matrimonio. Un sueño hecho añicos. Lo que nunca hubieras querido. ¿Quién podría querer eso? No quieras saltar con garrocha esa etapa. Eres un ser humano, y esta etapa de la negación no solo es esperable, sino también necesaria. En esta fase, aliento a la gente a escribir en un diario todos sus pensamientos sobre la desolación asombrosa que están viviendo. Como Lysa mencionó en su libro *No debería ser así*, te ruego que no tomes un atajo espiritual para evitar esta primera etapa del duelo del divorcio. Siéntate con tus pensamientos y dialoga en voz alta con ellos.

2. Ira (contra otros)

La ira es una emoción dada por Dios. No le tengas miedo. Quizás te parezca que no te hace bien o que es pecado enojarte con tu esposo o exesposo, con otras personas o hasta con Dios a raíz de un divorcio no deseado. Recuerda que Dios ya conoce tus pensamientos y emociones. Este es otro momento ideal para llevar nota en un diario o para dejar una silla vacía e imaginar que la otra persona se encuentra allí. Ese es el momento para expresar tu verdad en voz alta. Si quieres, grita. Reprimir la ira y las emociones te podría matar literalmente. De hecho, según un artículo: «La incapacidad de perdonar se clasifica como una enfermedad en los libros de medicina».[3] Por ende, debes ventilar esos pensamientos y sentimientos.

3. Negociación

Todos lo hemos hecho: suplicarle a alguien que cambie o rogarle a Dios que cambie a alguien. Tal vez hayas clamado: «Dios, si haces esto, te prometo que...». El costo y el dolor del divorcio son tan grandes que a veces uno está dispuesto a hacer lo que sea para salvar el matrimonio. Esa negociación revela nuestros verdaderos deseos. Cuando estés en esta etapa, te aliento a escribir lo que quieras de verdad que suceda: puede ser lo que quieres de Dios, de otros o de ti misma. Por ejemplo, presta atención a pensamientos o hasta palabras de este estilo: «Si hicieras esto, entonces...». Escribir esas cosas las hace más tangibles. La sinceridad finalmente nos lleva a una actitud de rendición, de reconocer lo que anhelamos con desesperación y dejar ese anhelo a los pies de Dios.

4. Depresión (ira contra ti misma)

Aquí es cuando la lúgubre realidad de lo definitivo del divorcio comienza a calar hondo, como un bloque pesado de concreto colocado sobre una almohada. En esta etapa, tu ira se torna contra ti misma, o comienzas a sentir que te ahogas en el dolor. Te invito a practicar de manera proactiva la empatía y la autocompasión en esta fase. Si bien este tiempo de depresión es parte normal del proceso del duelo del divorcio, hay personas que pueden sufrir un período de verdadera depresión clínica. Si la depresión te sobrepasa, recurre a atención profesional.

5. Aceptación

La depresión es como tomar asiento, mientras que la aceptación es como el proceso de levantarse del asiento. Tras atravesar las cuatro etapas previas del duelo del divorcio, en esta fase comienzas a volver a vivir. Sé paciente contigo misma y no te sorprendas si incluso después de un año regresas a alguna de las etapas anteriores. Se trata de un proceso fluido. De todos modos, cada vez que te encuentres en la etapa de la aceptación, será por haberte tomado el tiempo necesario y haber dado con paciencia los pasos para aceptar la realidad. Recuerda que la salud mental es un compromiso con la realidad cueste lo que cueste. Lo sé, afrontar la realidad del divorcio es doloroso, deprimente e injusto, pero ahora tienes el futuro por delante. En el horizonte, está la vida abundante que Dios ha preparado para ti.

CAPÍTULO 7

Es hora de dominar la situación, como te corresponde

Lysa otra vez por aquí. En un momento de mi proceso de divorcio, la soledad era tan intensa que me aterraba despertarme para afrontar sola otro día, con todas sus oportunidades y todos sus problemas. Yo no estaba sola. Tenía amigas y tenía a mis hijos, dispuestos a ayudarme. No obstante, sí estaba sola en cuanto a las responsabilidades de la vida.

Procesar emocionalmente todo me exigía tanta energía que intentar ocuparme de las cosas cotidianas me dejaba exhausta: cosas como los impuestos o con quién hablar por un reclamo al seguro. Cuando me sucedió algo con el vehículo, pensé: *¿Debo reclamar esto al seguro, o el aumento de la tasa debido a este reclamo me va a costar más que si pagara este gasto por mi cuenta?* En otra ocasión, mi duda era: *¿Qué hago cuando se corta la Internet si no sé dónde están los botones para restablecer la conexión?* Otras preguntas también fueron: *¿Cómo cierro el paso del agua cuando hay una* *filtración y el plomero demorará un par de horas en llegar a casa?* y *¿Qué puedo hacer para prevenir que los insectos me destruyan el césped?*

Ese tipo de obligaciones surgían una atrás de otra. Lo que yo me seguía repitiendo era: *No puedo con esto*. Una y otra vez, ratificaba esa afirmación derrotista.

Sin embargo, no eran solo las obligaciones lo que me desplomaba, sino también el peso de la maternidad. La dinámica con mi exesposo no permitió una crianza compartida amistosa. Yo estaba desesperada por lograrla, pero por razones fuera de mi control no fue posible. Si bien nuestros hijos ya eran mayores de 18, todavía necesitaban mucha compañía y orientación de sus padres en una edad crucial para la vida. Solo su madre y su padre podrían entenderlos y comprender toda la dinámica de pastorear su corazón en medio de este divorcio devastador, pero en mi situación sentía que lo hacía totalmente sola.

Ni siquiera mis amigas, que me ayudaron de manera fantástica a procesar todo cuando nos reuníamos, podían comprender la gravedad de esa dinámica, porque las consecuencias no las afectaban a ellas del modo que me afectaban a mí. Una vez le comenté a alguien que era como caminar por un terreno minado mientras todos mis seres queridos iban arriba en helicóptero. Ellos me aconsejaban, me amaban y oraban por mí, lo cual fue un apoyo precioso, pero no eran quienes en cada paso se arriesgaban a que su vida explotara por el aire.

Si bien todo lo que acabo de describir contribuía a la sensación de aislamiento, la soledad también era intensa porque ya no tenía a mi compañero. Me sentía sola en la cena, en el camino a casa al salir del trabajo, los fines de semana y al planear las vacaciones. Lo peor de todo era el miedo a terminar siendo la anciana de los gatos cuyo único pasatiempo es acumular cosas en su casa tenebrosa cubierta de enredaderas. Hasta me imaginaba con una nariz torcida por la edad y una verruga en el tabique. Hermoso, ¿no?

Entonces le pedí a Jim que me ayudara con esa sensación abrumadora de soledad. Él me ayudó a transitarla y me aconsejó permitir que esa etapa de soledad fuera parte importante del proceso de sanar. Él quería que aprendiera a sentarme en silencio y a atender los pensamientos y los sentimientos que surgieran.

¿¿¿Qué???

¡Le acababa de decir que la soledad era espantosa y que no sabía qué hacer, y su respuesta fue que me fuera a casa a estar sola con mis pensamientos y escucharlos! Yo quería que él me hiciera sentir mejor. Jim quería equiparme para que afrontara mejor el futuro.

Yo desprecié su consejo.

Hasta que lo consideré.

Con el tiempo lo fui comprendiendo.

Y ahora ya lo valoro.

Sin embargo, comprender y valorar ese consejo me llevó bastante tiempo. Al comienzo, sentarme sola en silencio era horrible. No quería sentir las emociones que surgían en el silencio. La actividad y el ruido se habían convertido en mi manera de lidiar con la intensidad de lo que estaba atravesando. Mi patrón había consistido en sortear mis emociones tomándolas cautivas y ordenándolas. Así había interpretado el versículo que afirma: «... llevando cautivo todo pensamiento a la obediencia a Cristo» (2 Corintios 10:5, RVR1960). En otras palabras, me surgía un pensamiento lleno de sentimientos fuertes, me regañaba por tener esos sentimientos, pensaba cómo debe actuar un cristiano a pesar de esos sentimientos y reprimía lo que me seguía doliendo. Supongo que esperaba que esos sentimientos reprimidos desaparecieran con el tiempo. De hecho, también me fui transformando en experta en mentirme en cuanto a cuáles eran mis sentimientos verdaderos, para ni siquiera tener pensamientos que tomar cautivos. Según mi razonamiento, así se aplicaba ese versículo.

Excepto que eso no me funcionaba.

Los sentimientos que reprimía no desaparecían solos. A veces, esos sentimientos y los posteriores se tornaban en una sensación desesperante de derrota, autocompasión o profundo rencor. En otras ocasiones, cuando menos lo esperaba, tenía reacciones desproporcionadas ante situaciones cotidianas que no ameritaban para nada semejante exabrupto emocional. Me sentía tan derrotada. Pensaba que quizás esa mujer feliz, divertida y estable que solía ser no volvería nunca más. ¿Nunca te preguntaste eso?

Quiero que veamos en mayor profundidad la sabia instrucción que hallamos en ese versículo completo, 2 Corintios 10:5: «Destruyendo especulaciones y todo razonamiento altivo que se levanta contra el conocimiento de Dios, y poniendo todo pensamiento en cautiverio a la obediencia de Cristo» (NBLA). En mi aplicación anterior de este versículo, me faltaban aspectos cruciales del proceso. No estaba teniendo en cuenta que yo estaba en una batalla espiritual en mi vida cotidiana. Me faltaba la parte de escuchar a Cristo y la parte de ser obediente a Cristo. Si bien buscar una respuesta más tranquila y ordenada ante mis sentimientos fuertes parecía algo conforme a Cristo, mi motivación en realidad no tenía que ver con Cristo, sino con evadir y tener el control.

Yo trataba a mis sentimientos como si fueran el problema, en lugar de permitir que me guiaran al problema verdadero. La única manera de que mis sentimientos cumplan con su propósito es darles el espacio para surgir en la seguridad del silencio. Mira, nuestros sentimientos son intensos. Si no los dejamos surgir en un espacio seguro, algún día pueden acabar explotando hacia afuera o hacia adentro, y dejándonos deprimidas y bastante impotentes.

Muchos pensamientos que me surgían a partir de esos sentimientos intensos eran claramente «especulaciones» y «razonamientos altivos» que iban en sentido opuesto a la Escritura. Yo estaba creyendo la mentira de que mi futuro ya no sería bueno. Estaba avalando mis miedos de que Dios no me iba a ser fiel. Estaba tan enfocada en las dificultades que atravesaba que comencé a creer que Dios no se ocupaba del mal.

Sentimientos fuertes. Pensamientos desesperados. Conclusiones equivocadas.

Tú no decepcionas a Dios al tener esos sentimientos, pero Él quiere usar Su Palabra para guiarte en cuanto a qué hacer con esos sentimientos y con los posteriores pensamientos. Reconozco que a veces llegan primero los pensamientos y luego nos generan esos sentimientos intensos. Si primero vienen los pensamientos o los sentimientos no es tan importante. Lo importante son los pensamientos en los cuales nos enfocamos.

Por ejemplo, podemos pensar en la persona que nos lastimó. Cuanto más pensemos en esa persona, más resentimiento acumulamos. El sentimiento así se perpetúa por el pensamiento. También podemos sentirnos solas, y esa soledad nos recuerda la ausencia de esa persona. Luego nos enfocamos en su ausencia, lo cual es combustible para nuestra sensación de soledad. Como puedes ver, el denominador común son los pensamientos en los que nos enfocamos, porque ellos son el combustible de las emociones y de los comportamientos.

Vuelvo a mencionar otra vez lo mismo porque es de suma importancia: los traumas que sufrimos no son solo lo que nos sucedió, sino también el relato que armamos a partir de lo que nos sucedió. Por eso, es crucial tener momentos de quietud y hacer la buena obra de impedir que nuestros sentimientos y pensamientos se salgan de control.

Joel de regreso. Me encanta esta frase de Lysa: «Nuestros sentimientos deben ser indicadores, no dictadores».[1] Sé por experiencia propia que, en pleno momento de sentimientos fuertes, resulta tentador dejar que los sentimientos nos impulsen y nos dirijan. Cuando sucede eso, es como manejarse puramente por impulsos. El problema es que, en medio de esos impulsos, mis pensamientos comienzan a desviarse de la intención de honrar a Dios, en busca de poder satisfacer mis propias necesidades. Esos pensamientos pueden generarnos grandes problemas, ya que causan más caos que calma en nuestra vida.

Al leer 2 Corintios 10:4-5 en contexto, uno se da cuenta de que Pablo, cuando habla de llevar todo pensamiento cautivo, se refiere a la guerra espiritual. El campo de batalla es nuestra mente. Pablo emplea a propósito una metáfora militar para comunicar que debemos procesar nuestros pensamientos y sentimientos de una manera que honre a Dios y nos beneficie. Él presenta el escenario de la sabiduría de Dios avanzando activamente contra el enemigo y nos plantea una batalla de tres pasos: derribar, capturar y obedecer.[2]

1. Derribar

Cuando nuestros pensamientos se desenfrenan, tenemos que tomar la decisión consciente de quitarles todo poder o autoridad que tengan en nuestra vida. Los derribamos considerando lo que son: pensamientos no alineados con los caminos de Dios. Entonces, los desmantelamos presentando la verdad de la Escritura.

En el contexto de las batallas militares, quien captura el terreno más elevado gana. Pablo describe a estos pensamientos falsos como cosas que «se levantan». Mientras ellos tengan el terreno elevado en nuestra vida, tendrán poder sobre nosotros. Por eso, lo primero que debemos hacer es derribarlos de ese lugar elevado, para que ya no puedan controlarnos ni manipularnos. Para eso, debemos atacar, confrontar la mentira y cambiarla por la verdad.

Por ejemplo, en pleno sufrimiento, podemos sentir que es el final de todo o que las cosas siempre serán así de difíciles. Lo que podemos hacer es derribar ese pensamiento recordando que Dios siempre obra para el bien de quienes lo aman y buscan hacer Su voluntad (Romanos 8:28). Con esta verdad, podemos confrontar la mentira y derribarla, para que ya no ocupe ese sitio de poder en nuestra vida.

Recuerda el poder que nos da proclamar la verdad de Dios, aunque nuestro corazón no la haya aceptado aún, aunque no tengamos evidencias inmediatas de esa verdad en nuestra vida aún. El poder está en proclamar las palabras de Dios a viva voz, no en sugerir cómo queremos que Dios resuelva nuestro problema a través de este versículo en este instante.

2. Capturar

Con derribar los conceptos opuestos a la verdad de Dios no alcanza. Luego debemos ir a tomarlos cautivos, porque si los dejamos allí tirados después se recuperarán. En el mundo romano, luego de derribar una fortaleza, había que encarcelar a los prisioneros para que ya no pudieran hacer daño.[3] Lo mismo sucede en nuestro caso: debemos derribar ese pensamiento, llevarlo a una celda, dejarlo tras las rejas, cerrar la puerta, colocar el candado e irnos en busca de la verdad.

Tomemos el ejemplo anterior de pensar que *las cosas siempre serán así de difíciles*. Ya proclamaste la verdad que reemplaza a ese pensamiento. Ahora, cierra los ojos e imagina que llevas ese pensamiento a una celda, como si fuera un prisionero. Mientras te ves cerrando la puerta, saborea esa sensación de triunfo al tomar consciencia de que estás del otro lado de esa puerta cerrada. Goza de la seguridad de saber que, ahora, puedes darte vuelta y andar sin el lastre de ese pensamiento que el enemigo usaba para intentar derrotarte.

3. Obedecer

Alcanzamos el triunfo sobre los pensamientos negativos cuando nos atrae tanto la verdad de la Palabra de Dios que todos nuestros pensamientos comienzan a parecerse cada vez más a los de Él. De algún modo, cuanto más obedecemos a Jesús, más sofocamos a los pensamientos negativos para que no sobrevivan. El resultado será pensamientos conformes a los de Cristo.

¿Cómo se hace eso? Elige un versículo y memorízalo. Así entrenas el músculo de la memoria y le quitas el oxígeno a esa mentira que estás combatiendo. De ese modo, liberas espacio para nuevos pensamientos más alineados con la verdad de Dios. Cuanto más hagamos esto (derribar, capturar y obedecer), más natural se nos hará y más rápido expulsaremos esas mentiras instaladas en nuestra mente que se transforman en un torbellino y acaban tomándonos como prisioneros. Si necesitas un versículo para comenzar a memorizar, aprovecha alguno del capítulo anterior.

Lysa de nuevo por aquí. No siempre me acuerdo de hacer lo que Joel acaba de mencionar. A veces, un pensamiento irrumpe con tanta fuerza que me destruye emocionalmente casi al instante.

Una vez estaba tan ensimismada en mi dolor que interpreté mal algo que hizo uno de mis hijos. Enloquecí. Me puse a gritar a todo pulmón. Luego salí de manera dramática de su casa. Me subí al auto para irme y quise hacer rechinar un poco los neumáticos para colocarle la cereza al postre, pero no es mi especialidad. No me di cuenta de que en la entrada del lugar, flanqueada por árboles, la superficie era de grava, no asfalto. Así que, cuando intenté hacer rechinar los neumáticos, el vehículo en lugar de avanzar hizo un trompo y golpeó un árbol que terminó arrancando el parachoques delantero. Salí del auto, recogí el parachoques, lo dejé en el asiento de atrás, me fui a mi casa y escondí el parachoques en un armario. Como si nadie fuera a advertir luego que el auto no tenía el parachoques. Excelente. Así se hace, Lysa.

No te estoy alentando a hacer nada que te obligue a ocultar un parachoques en un armario. Sin embargo, te puede ocurrir que un pensamiento desenfrenado te genere un desbarajuste emocional. No quiero que tengas esos momentos de descontrol y luego sientas que no puedes tomar cautivos tus pensamientos. Quiero que recuerdes que esto lleva práctica. Es decir, al comienzo no te saldrá naturalmente. No te rindas. Cuanto más practiques, mejor lo harás y, cuanto mejor lo hagas, más rápido comenzarás a sentir esa sensación maravillosa de empoderamiento.

La persona que no quiera estar siempre al borde de estallar por cada cosa que deba afrontar sacará provecho a este versículo. La recompensa es enorme. Estarás en condiciones de dominar la situación desde ese terreno elevado, y quien domina la situación desde el terreno elevado suele ser quien gana. Entonces, no sacrifiques tu posición ventajosa por bajar al nivel de alguien que actúa con necedad.

Ahora volvamos al comienzo. El silencio puede darnos una sensación de soledad atroz, pero a veces el silencio es la introducción de un himno llamado resiliencia. ¿Será incómodo? Sí, pero ¿sabes qué cosa es sumamente necesaria para sanar? Demostrarte que puedes seguir avanzando, en medio de la incomodidad, hasta que las cosas cambien.

> A veces el silencio es la introducción de un himno llamado resiliencia.

Dios está presente en el silencio. La soledad es Su invitación a alejarnos de las distracciones para recibir de Él lo que necesitamos. Lo que Él nos ofrece es sanar.

Una vez alguien me dijo que la mejor venganza es seguir adelante y tener una vida maravillosa. Comencemos por eliminar todos esos pensamientos desbocados que nos hacen descarrilar. Usemos nuestra energía de maneras más productivas. Avancemos hacia el futuro con los ojos bien abiertos para detectar nuevas oportunidades y disfrutar nuevas alegrías. Si hoy estás demasiado agotada como para creerme, al menos ve hasta la ventana y mira hacia afuera, hacia arriba, para recordar que allí hay un mundo mucho más grande que los confines del dolor donde estás habitando.

No permitas que tus sentimientos y pensamientos se opongan a esto.

Vamos a salir adelante. Lo lograrás. Yo también. Como las miles de mujeres que están leyendo este libro a la vez que tú.

Eso no significa que no dejemos espacio para el dolor ni que finjamos haber salido ilesas. Es necesario que nos ocupemos bien de sanar. Quizás haya que cojear por un tiempo. No hay problema. No hay apuro. Vamos de a un minuto, de a una hora, de a un día, de a una semana. El paso del tiempo te sacará adelante; solo debes apuntar en la dirección correcta.

Algún día, volverán a encenderse las luces. Algún día, ese

abismo oscuro ya no será tan profundo ni abrumador como parecía antes. Algún día, pondrás una linda canción conmovedora, observarás un atardecer espléndido y susurrarás: «Gracias, Dios, por guiarme hasta aquí».

¿Cómo lo sé?

Mi realidad no es perfecta. Nada es perfecto en esta vida. Sin embargo, el dolor es mucho menor. Esa soledad intensa se ha disipado. Mi perspectiva es mucho más firme y tranquila. Mi rostro ahora tiene más arrugas por reír que marcas por llorar. Mis ojos están bien abiertos y volvieron a brillar.

EL RINCÓN DEL TERAPEUTA, CON JIM

Uno de los motivos por los cuales es tan importante tomar cautivos nuestros pensamientos es que nuestras palabras dan forma a la realidad que vivimos.

Al ocuparte de tus pensamientos, ten cuidado del «comité de la autoconmiseración» que se reúne en tu mente e intenta confundirte o condenarte. No hay nada que puedas cambiar de tu pasado ni de tu matrimonio anterior. Sin dudas, no tenías el poder de cambiar a tu esposo. No obstante, tienes el resto de tu vida por delante.

Desde luego, habrá momentos que te sacudan emocionalmente tras el divorcio. Eso es lo normal y esperable. Recuérdate cada día las verdades bíblicas, y no olvides el estímulo y la advertencia de Efesios 5:16: «Aprovechando al máximo cada momento oportuno, porque los días son malos». En este versículo, Pablo nos recuerda una realidad imposible de esconder: en este mundo hay dificultades y perdición causadas por el pecado. Sin embargo, Pablo no quiere que vivamos con actitud derrotista. Más bien, eso nos motiva aún más a «aprovechar cada momento», ya que las tinieblas de este mundo deberían generarnos una urgencia por redimir y restaurar todo lo bueno.

Mantén la mirada y la mente en el parabrisas de tu vida, y solo en ocasiones echa un vistazo al espejo retrovisor. ¿Por qué no dedicas tiempo a pensar en cómo quieres que sea tu futuro? Eso no implica suponer que sabes lo que Dios debería hacer. Se trata, en cambio, de abrir tu mente a buenas metas para el futuro. Es hacer espacio para pensamientos resilientes.

Piénsalo de esta manera: cada invento se crea dos veces en realidad. Una vez en la mente, al idear lo que podría ser, y luego otra vez en los hechos, al fabricar el producto. En términos clínicos, si piensas en una meta para el futuro, liberas dopamina (el neurotransmisor de la motivación), en lugar del cortisol que liberas en los momentos de constante estrés. Ya has dedicado suficiente tiempo a procesar el dolor. Ahora es tiempo de mirar adelante y vislumbrar cómo quieres que sea tu nueva vida. Quizás hasta puedas tener una pizarra de metas. ¿Hay pasatiempos que te gustaría tener, lugares donde quieras viajar?

Te has despertado de una pesadilla y ahora es momento de darte permiso para soñar.

CAPÍTULO 8

Perdonar se siente tan injusto

Si yo (Lysa) estuviera en tu situación, querría pasar por alto este capítulo, y muchas de mis amigas que han atravesado un divorcio probablemente confesarían lo mismo.

Entonces, no comencemos por el perdón, sino por darnos entre todas el regalo de reconocer lo que hemos atravesado. Quiero que nos tomemos un momento para aceptar las realidades crueles, caóticas, desgarradoras y, en algunos casos, casi mortales que nos tocó afrontar. Si no nos ocupamos de eso primero, perdonar nos parecerá traicionar nuestra historia. No podemos dar inicio al proceso de perdonar si intentamos convencernos de que ya no nos afecta lo sucedido.

Quizás haya quienes puedan hacerlo. Yo no pude.

Intentar perdonar a la persona que te hirió tanto como para alterar el curso de tu vida puede parecer insoportable. Lo imposible de cambiar puede parecer imposible de perdonar. Aunque él quisiera remediar todos sus errores, el daño de ese tiempo y su efecto sobre ti ya no se puede reparar. El trauma grabado tan a fondo que modificó la manera en que tu mente procesa la información no se borra con facilidad. La pérdida de la confianza, el rechazo cruel y las acciones escandalosas de esta persona que pensabas que nunca te heriría de esa forma te abrieron los ojos a la realidad de que, sí, es capaz de tratarte de esa manera. Son cosas que ya no puedes dejar de saber y que es probable que no puedas olvidar por ahora, o tal vez nunca.

La redención es posible. El poder de Jesús es grande. Se puede trabajar en una relación sumamente rota y repararla. Algunas relaciones pueden alcanzar una fortaleza y resiliencia tras la restauración, el arrepentimiento y la cicatrización. Incluso cuando el matrimonio no sobrevive, he visto a parejas que acaban teniendo amistades hermosas con el pasar de los años.

No obstante, la necesidad de perdonar para continuar con el proceso de sanar puede dar la impresión de que la única manera de hacerlo es fingiendo, o al menos obligándose una misma a hacerlo, con la esperanza de asimilarlo en el corazón algún día.

En pleno divorcio, intentar decir «te perdono» al pensar en la persona que me lastimó no me aportaba paz en absoluto. De hecho, me aportaba exactamente lo contrario, porque sabía que en mi corazón no existía lo que mi boca se sentía obligada a anunciar. Para colmo, mi divorcio, como tantos otros, fue un proceso prolongado en el que todo el tiempo surgían nuevas cosas dolorosas. Cuando acababa de recuperarme de algo, enseguida me enteraba de otra verdad triste o cruel que me generaba una angustia en el pecho mientras intentaba tragarme las lágrimas. Cada jornada parecía el Día de Concientización sobre el Divorcio, porque debía afrontar una oleada de consecuencias, nuevas realidades que no quería y temores por el futuro que a veces me paralizaban emocionalmente.

Recuerdo la primera Navidad en que estuve sola con los niños.

Estábamos sentados en la sala de estar, a punto de abrir los regalos, cuando a uno de mis hijos le llegó un mensaje. Era una foto de mi exesposo al final de un muelle en aguas tropicales sin una nube en el cielo. Tenía los brazos levantados y una sonrisa gigante en el rostro. Ninguno de nosotros sabía dónde estaba ni con quién. Solo sabíamos que estaba recorriendo el mundo, al parecer disfrutando a pleno de la vida.

Intenté levantarme el ánimo convenciéndome de que la mayor bendición la tenía yo por estar con nuestros hijos, y era verdad, pero de todos modos me dolió. El hombre que creía conocer nunca habría querido perderse la Navidad ni generar tanto dolor y confusión a los niños. Sin embargo, este año no iba a invitar a los niños a su casa, no iba a mirarlos abrir los regalos, ni iba a compartir con ellos la Navidad de ninguna de las maneras a las que ellos estaban acostumbrados. Aún me asombraba que esa fuera la situación de nuestra familia.

Sé que algunas de mis amigas divorciadas tuvieron el problema opuesto. Sus ex quisieron estar con los niños en Navidad, por lo cual ellas debieron quedarse solas en una fecha que antes representaba la unión familiar. Eso también fue un dolor enorme. Más allá del tipo de situación, todos esos cambios parecen increíblemente injustos. El dolor sigue impregnando la realidad cotidiana, por no mencionar los disparadores de recuerdos que de pronto hacen revivir ese sufrimiento demoledor como si fuera el primer día. La cuestión es que es dificilísimo perdonar y seguir adelante cuando el pasado no queda en el pasado.

De todos modos, Jim me ayudó en gran medida con eso, enseñándome a comprender mi resistencia a perdonar. El mayor descubrimiento fue que probablemente nunca tuviera esa conversación épica que tanto anhelaba, en la cual mi exesposo al fin se haría responsable de todo lo sucedido, se disculparía y se lamentaría por no poder volver atrás en el tiempo.

Yo quería tener esa conversación.

No podía dejar de anhelar esa conversación.

Aunque ya no orara por que pudiéramos resolver todo y rearmar la familia, seguía pensando en cómo necesitaba una conversación así para que mi corazón aceptara perdonarlo de verdad.

¿Cómo puedes perdonar a alguien que no cree necesitar tu perdón y que no quiere tu perdón?

Yo necesitaba un *porqué* para perdonar a esa persona, y Jim me ayudó a encontrarlo.

Al perdonarlo...

- *No lo estás dejando salirse con la suya.*

    La gente debe asumir las consecuencias de sus decisiones. A veces, parece que el hombre se está saliendo con la suya, porque nosotras sufrimos más que ellos los efectos. Eso nos dificulta decir ahora que, más allá de todo, los perdonamos. Sin embargo, recuerda que no lo estás eximiendo de su responsabilidad ante Dios, sino que te estás desvinculando de sus acciones, para que no te tomen de rehén con las cadenas del resentimiento. Dios no será burlado por su pecado, sino que se ocupará en Su debido tiempo y forma.

- *No estás minimizando los hechos.*

    Perdonar no significa que ahora lo sucedido te parezca tener poca importancia. Las acciones de él tuvieron un profundo impacto en tu vida y la de muchos otros. Está perfecto seguir reconociendo eso.

- *No estás anunciando que decidiste dejar todo en el olvido y borrar los límites necesarios que habías establecido.*

Perdonar es un mandamiento de Dios, pero reconciliarse no. Si él no se arrepiente, está bien que hayas establecido límites para protegerte, para estar tranquila y para poder mantener la cordura mientras sigues sanando.

- *No estás expresando querer restablecer una relación íntima con él.*

Una vez alguien que afirmaba saber de la Biblia me señaló que el perdón no era real si yo no me reconciliaba con quien me había herido. La Biblia no enseña eso. De hecho, la Biblia ni siquiera enseña que tengamos cercanía con esa persona. A veces, la gente piensa conocer la Palabra de Dios. A veces, esa gente está equivocada. Cuando Jesús señaló que debemos perdonar 70 veces siete (Mateo 18:21-22), no nos ordenó reconciliarnos con una persona que sigue lastimándonos. Repito, está perfecto mantener la distancia con esta persona para que, si no cambia, tú puedas seguir perdonándola desde lejos sin ser destruida.

Ahora hagámonos una pregunta realmente importante: ¿Por qué queremos perdonar a esta persona?

Porque el perdón es la receta de Dios para sanar un corazón herido. El perdón no es darle carta blanca a la persona que te hizo daño. No, es el proceso mediante el cual recibes el regalo de la sanidad de Dios.

Tú te mereces dejar de sufrir por lo que te hizo otra persona. Es hora de que tu capacidad de sanar deje de depender de las decisiones que la otra persona quizás no tome nunca. Es momento de prepararte mejor para avanzar hacia el futuro con claridad y resiliencia.

> **El perdón es la receta de Dios para sanar un corazón herido.**

Justo esta mañana estaba leyendo Lucas 23, uno de los relatos de la crucifixión de Jesús que hallamos en los Evangelios. Algo que nunca había notado antes me sacudió. En este pasaje, Jesús es ejemplo para nosotros de qué hacer cuando las acciones de otras personas nos alteran la vida:

> Cuando llegaron al lugar llamado la Calavera, lo crucificaron allí, junto con los criminales, uno a su derecha y otro a su izquierda.
> —Padre —dijo Jesús—, perdónalos, porque no saben lo que hacen.
> Mientras tanto, echaban suertes para repartirse entre sí la ropa de Jesús.
> La gente, por su parte, se quedó allí observando, y aun los gobernantes estaban burlándose de él.
> —Salvó a otros —decían—; que se salve a sí mismo si es el Cristo de Dios, el Escogido.
> También los soldados se acercaron para burlarse de él. Le ofrecieron vinagre y dijeron:
> —Si eres el rey de los judíos, ¡sálvate a ti mismo!
> Resulta que había sobre él un letrero que decía:
> este es el rey de los judíos. (Lucas 23:33-38)

Padre, perdónalos fueron las primeras palabras que emitió en la cruz, no las últimas. Pensemos en eso un momento. Las primeras palabras registradas de Jesús en la cruz se enfocan en perdonar a quienes *en ese momento* le estaban causando semejante dolor.

No se había solucionado nada.

No había ninguna mejora en su situación.

De hecho, leemos que, un rato después de que Jesús le pide a Dios que perdone a quienes lo están crucificando y están contra

Él, los soldados le ofrecen vinagre de vino. Qué gesto insultante y desagradable. Los soldados romanos tenían que cargar esponjas empapadas en vinagre de vino para limpiarse tras defecar.[1] Esto es lo que le ofrecieron beber en pleno sufrimiento extremo. Además, otros se burlaban de Él, lo menospreciaban, lo denigraban y lo trataban peor que a un delincuente digno de ser ejecutado, aunque Él no pecó nunca.

No sé todos los motivos por los que Jesús eligió perdonar en medio de esa vejación, pero puedo explicarte lo que perdonar ha hecho por mí, aunque duela:

- *Perdonar me dio una sensación de autonomía en mi debilidad.*

    Mucho de lo que me sucedía estaba fuera de mi control, pero mi elección de perdonar fue mi oportunidad de hacerme cargo de sanar. (Para ver más sobre el perdón de Dios y cómo sana, lee Salmos 103:3-4. También lee en Génesis 45:1-28 cómo perdonar a sus hermanos lo liberó a José para hacer la voluntad de Dios y ser de bendición).

- *Perdonar me ayudó a ver algo bueno donde parecía haber muy poco a mi favor.*

    No perdonar no nos lleva a un futuro mejor. Nos lleva a pensamientos y conversaciones donde seguimos rumiando lo que nos han hecho. Perdonar me ayudó a enfocarme menos en lo que había sucedido y más en la sabiduría que estaba obteniendo a través de la situación y que luego podría transmitir a otros. (Para ver otro ejemplo de Dios obrando para bien en situaciones que no parecen buenas, lee la historia de Abigaíl y David en 1 Samuel 25. En el versículo 28, Abigaíl le ruega a David que perdone la ofensa de su esposo. David opta por perdonar, lo cual

termina generando un mejor futuro no solo para él mismo, sino también para Abigaíl).
- *Cuando pude perdonar fue un momento clave en el que supe que estaba siendo obediente a Dios.*

Muchas veces, cuando me siento estancada, me desafío a recordar la última vez que Dios me indicó que le obedeciera y me aseguro de haber hecho lo que Él quería que hiciera. Perdonar es agradar a Dios, y eso nos coloca en Su voluntad al vivir Su Palabra (Colosenses 3:13).
- *Perdonar me permitió ser usada por Dios para transformar lo que pretendió ser mal en bien.*

Nada de lo que atravesé fue algo que haya disfrutado, pero ayudar a otros a través de esta tragedia es algo bueno en mi vida. El dolor no fue en vano. De hecho, el dolor me guio hacia una sensación aún mayor de propósito. (Para ver más sobre esto, ve a Génesis 50:20 y lee sobre la historia de José).

Otro aspecto de las palabras de perdón de Jesús en la cruz es que no solo le pidió al Padre que perdonara a las personas por lo que *habían hecho*. Él también le pidió al Padre que los perdonara por lo que estaban haciendo *en ese momento* y por lo que estaban por hacer *en un rato*. Además, nos ofreció perdón a ti y a mí por los pecados que cometeríamos en el futuro, aunque ni siquiera habíamos nacido aún. De esa manera, nos dio un ejemplo de qué hacer cuando afrontamos circunstancias desgarradoras.

Perdonar no es una carga que Él nos coloca cuando alguien nos lastima. Perdonar es la única manera de liberarnos del resentimiento, la ira y el deseo de venganza que se escabullen tan fácilmente en nuestro corazón. Jesús no quiere que los errores de una persona se potencien en tu interior, ni que luego tú te descargues con otra persona.

De todos modos, no estoy afirmando que tendremos la capacidad de perdonar al instante como hizo Jesús en la cruz. Tú tienes permiso para aguardar que la gracia de Dios te dé el tiempo necesario para procesar esto, batallar, llorar y sentir todos los sentimientos naturales que pueden surgir al ser tratada de maneras humillantes y deplorables. Lo que sí estoy afirmando es que, para dar el paso de perdonar, no debes esperar a que las cosas vuelvan a estar en orden. Esperar algo que quizás no suceda nunca, como ya mencioné, detendrá el proceso de sanar y crecer.

Quiero cerrar este capítulo relatándote una historia de una amiga. Ella estaba atravesando un divorcio, pero por motivos legales ni ella ni su futuro exesposo podían abandonar el hogar. Yo no lo entiendo, pero he escuchado otros casos por el estilo. Entonces, mi amiga dormía en el cuarto de la hija y él dormía en el cuarto principal. En un momento especialmente difícil del proceso de divorcio, la madre de mi amiga fue a ayudarla con los niños. Durante esa semana de visita, la madre se fue inquietando y enojando por la injusticia de que él se quedara en la habitación principal y su hija compartiera una cama mucho más pequeña con uno de los niños. Un día, él se había ido a trabajar y la madre no pudo soportar más. Sin que nadie la viera, se escabulló en la habitación de él, retiró las sábanas y echó toda una bolsa de azúcar sobre el colchón. Luego volvió a hacer la cama y no dijo una palabra. A la mañana siguiente, él entró en la cocina furioso, exigiendo saber quién le había puesto «arena» en la cama. La suegra se levantó y con orgullo anunció: «No es arena; es azúcar. ¡Y te mereces eso y mucho más!».

Cada vez que recuerdo esa historia me echo a reír. A él no le sucedió nada en definitiva, pero sin dudas debe de haber pasado una noche sumamente incómoda. ¿Qué quiso hacer la suegra? Quiso emparejar la situación, que él pasara una mala noche sin dormir, como tantas veces le había tocado a su hija debido a las acciones de él.

Préstame atención, por favor, antes de correr a la alacena a buscar el azúcar. Eso no mejoró en nada la situación. Solo lo ayudó a sentir validada su postura y le dio un ejemplo para usar al hablar con otras personas de lo «locas» que estaban mi amiga y su madre.

El esposo había sido cruel. Muchas veces castigaba a mi amiga dejándole de hablar y negándose a reconocer su presencia. Una vez hizo eso por seis meses seguidos, y mi amiga ni siquiera supo por qué. Esto era insoportable y la dejaba desconcertada, preguntándose qué estaría ocultando o tapando él en esos largos períodos de silencio. No era justo. Nada de lo que soportó por años y años fue justo, y está claro que el proceso de divorcio y cómo la dejó devastada económicamente no fue justo.

La verdad es que, cuando nos toca afrontar el gran abismo que llamamos divorcio, no encontramos mucha «justicia». Si decidimos que, para poder perdonar, antes debemos lograr que se haga justicia, quizás nos encontremos en una búsqueda sin fin. El agotamiento de emprender esa búsqueda día tras día nos llevará rápido a acabar amargadas y estancadas. Por buscar la justicia, sin darte cuenta tal vez llegues al resultado más injusto de todos: convertirte en algo que nunca debiste ser.

Sé que es difícil. Si todavía estás enojada y frustrada, y quieres gritar desde la cima de una montaña lo injusto que es todo esto, te entiendo. Sé lo difícil que es transitar la realidad actual tras haber perdido tanto. Sé que es como una daga al corazón ver a tu ex mudarse con otra mujer tan rápido, mientras tú sigues pegando los pedacitos de tu corazón destrozado. Sé que el tema de la custodia es espantoso y que las dificultades económicas son reales. Sé que ver a quien te lastimó tanto avanzar hacia el futuro aparentemente sin consecuencias puede volverte loca. Sí, sí, un millón de veces sí, es injusto. Sin embargo, tu estrategia a esta altura no puede ser buscar que se haga justicia. Es hora de comenzar a buscar un buen futuro para ti.

Esta historia no ha acabado. Si estás postergando el paso de perdonar porque te parece que es la única manera de castigar a quien te lastimó, lo más probable es que él no esté aprendiendo la lección ni esté mejorando como persona porque no lo perdones. Cuando tuve esa revelación, me pregunté: «¿Entonces se va a salir con la suya después de todo?». La respuesta es que no. Nadie se burla de Dios (Gálatas 6:7). El pecado no queda sin castigo para siempre.

El enemigo quiere destruirnos, Dios quiere redimirnos, y es en ese momento cuando ganamos: cuando optamos por perdonar. Abandonamos las tinieblas, rechazamos la invitación del enemigo, seguimos el ejemplo de Cristo y avanzamos hacia la luz de la redención de Jesús, donde podemos sanar.

EL RINCÓN DEL TERAPEUTA, CON JIM

Como explicó Lysa, a veces perdonar es tan difícil porque la persona que te lastimó se niega a asumir la responsabilidad, a admitir su error y a ofrecer algún tipo de resarcimiento. Si bien puedes perdonar a esta persona sin que reconozca su necesidad de ser perdonada, quiero que tengas sumo cuidado si aún tienes una relación cercana con ella. Te diré algo difícil en este momento, pero debes saber que es por tu bien: no puedes tener una relación próspera y sana con alguien que se niega a hacerse cargo de sus fallas. Es una frase terminante, pero es verdad.

Por eso, aquí al final de este capítulo sobre el perdón, quiero incluir información sobre algo que yo llamo «el triángulo de la víctima». Esto puede ayudarte a apreciar por qué el perdón no tiene nada que ver con la otra persona. El perdón puede ayudarte *a ti* a librarte del sufrimiento que él te ocasionó y a estar mejor equipada para no seguir llevando una vida tan disfuncional y agotadora. La meta es ayudarte a tener libertad. Tal vez no sea libertad de esa persona. Si tienes contacto cercano con él, quizás sea difícil, pero quiero ayudarte a ser libre de su influencia tóxica. Una manera sería detectar si tienes asignado en su vida un rol que no hayas aceptado.

El triángulo de la víctima es una creación de 1968 del psiquiatra Stephen Karpman. Él observó las interacciones y las transacciones entre integrantes de parejas, y detectó tres roles principales: la víctima, el rescatista y el perseguidor (yo uso el término *perpetrador*). Cada rol tiene su función y su recompensa específica. Analicemos en mayor detalle cada rol.

La víctima

La víctima del triángulo normalmente ha sido perjudicada de alguna manera en el pasado. No suele trabajar en profundidad en terapia para tratar la realidad y el impacto del dolor, el abuso, el abandono o la traición. Recuerda: quien no trata algo termina explotando. La víctima analiza con lupa al resto de las personas, pero evita o se niega a mirarse a sí misma y sus problemas en el espejo. Ella quiere a dos personas específicas en su vida: alguien que la rescate y un perpetrador a quien culpar.

El rescatista

El rescatista normalmente quiere agradar. Es común que tuviera el rol de pacificador en la familia donde se crio. El combustible de los rescatistas es la ansiedad y el temor. Sin embargo, a pesar de esa inseguridad, se colocan el traje de héroe y hacen un gran esfuerzo por «salvar» a la gente de sus malas decisiones y sus estilos de vida equivocados. Por eso, como terapeuta, siempre indago en la historia de vida de cada persona, en especial esos años cruciales del desarrollo. Muchas veces, descubro que el paciente tenía un hermano o un padre inestable emocionalmente, adicto, rebelde o tan solo irresponsable. Ante esa realidad, el rescatista en desarrollo no podía gestionar su propia ansiedad e incomodidad, por lo cual de modo consciente o subconsciente se encargaba de tapar, justificar o desviar la atención de las fallas de los demás.

Si bien muchos pueden percibir al rescatista como un siervo humilde, misericordioso y amoroso, no todo lo que brilla es oro. Puede ser amable, caritativo y servicial, pero sus motivaciones y su *modus operandi* pueden revelar un patrón insalubre de control de los demás. El concepto sería «sé qué es lo mejor para ti». Ese foco dañino en el otro suele existir a costa de una falta de autocuidado, autoconsciencia y autocompasión.

El perpetrador

El último actor es el perpetrador. A veces, se trata de un auténtico villano que ha sido y sigue siendo cruel con la víctima. Si bien esto es horrible, la víctima tiene la opción de hacerse cargo de su responsabilidad (más sobre esto más adelante).

No obstante, en ocasiones la persona a quien se asigna el rol de perpetrador en realidad no es para nada el villano verdadero, sino que simplemente ha impuesto límites y ha priorizado el autocuidado. En esos casos, se convierte en villano cuando no le da a la víctima lo que ella quiere, como quiere y cuando quiere. No se trata de egoísmo, sino de tener una mirada realista de las capacidades limitadas con que se cuenta. Recuerda que, para seguir siendo la víctima, esta necesita que haya un villano. Las víctimas necesitan que el «villano» sea malo, para tener a quién culpar de todo y no tener que asumir la responsabilidad de sus fallas.

Entonces, ¿cómo se sale de esa danza tóxica del triángulo de la víctima? Más allá de cuál sea tu rol, el primer paso para salir es la autoconsciencia. Haz una evaluación sincera de tu participación en el triángulo. Ora para pedirle a Dios que te ayude a ver lo que necesitas ver. Habla con un terapeuta o una amiga confiable sobre qué dolor o trauma del pasado sin cicatrizar puede ocasionar que tengas ese rol específico en el triángulo. Por último, prepárate para que quizás, si tenías el rol de rescatista y ahora comienzas a imponer límites sanos y necesarios, la persona con la mentalidad de víctima te asigne el rol de perpetrador. Esto no se debe a que tus límites estén errados, sino a que a las personas problemáticas nunca les gustan los límites.

Si tienes el rol de víctima, asume tus errores. Admite tus fallas y rechaza culpar a otra persona. Eso se llama hacerte cargo de tu responsabilidad. Si tienes el rol de rescatista, comienza a imponer límites sanos con consecuencias, anímate a decir «basta», y permite que la víctima sufra los efectos de sus decisiones y su irresponsabilidad.[2] Si tienes el rol de perpetrador, sé sincera en cuanto a si perjudicaste a la víctima de alguna manera. De ser así, pide perdón. Si te culpan por haber impuesto límites sanos, no te hagas cargo. Date cuenta de la realidad: quien tiene mentalidad de víctima te está acusando de ser el perpetrador para poder argumentar que fue, es y puede seguir siendo la víctima. Al hacerte responsable, la víctima se libra de la culpa por su dolor y te la asigna a ti.

Más allá de cuál sea tu rol, cuando sea posible considera recurrir a un mediador, como un terapeuta, un pastor capacitado para reconocer esta dinámica, o amigos confiables. En toda situación, cada persona es responsable de hacerse cargo de sus acciones y salir del triángulo, sin importar si los demás se quedan o no. ¿Cómo se hace eso? Debes dejar el rol nocivo que tenías y negarte a seguir reacomodando tu vida a partir de los comentarios y las exigencias de otra persona.

CAPÍTULO 9

Me siento incapaz de perdonar

Lysa acá de regreso. Jim me hizo una pregunta profunda en una sesión: «¿Quieres sanar?». Yo bajé la cabeza y susurré: «Sí». Luego él me explicó que debíamos trabajar en el perdón.

No me sentía para nada lista para aceptarlo. Solo quería que Jim en la sesión me aconsejara un par de cosas que me hicieran sentir mejor. Estaba tan agotada. No quería hacer nada ese día. Perdonar me parecía una tarea tan pesada. No, gracias.

Jim no me presionó. Solo me dio una pila de fichas de 7 x 12 cm (3 x 5 pulgadas) y señaló: «Comencemos por hacer una lista de lo que te ha causado tanto dolor. Anota en las fichas cada cosa dolorosa que te hayan hecho o dicho relacionada con esta situación, una por ficha, y repártelas por todo el suelo».

No me resultó difícil. Comencé con una y luego me sorprendió lo rápido que cubrí todo el piso de fichas. Ver tanto dolor plasmado allí me ayudó a comprender por qué sentía semejante peso en mi interior. Era mucho dolor. Demasiado para seguir cargándolo.

Jim se quedó en silencio un rato mientras leía las fichas. Mientras lo miraba leer ficha por ficha me daban ganas de llorar, porque podía apreciar que Jim se compadecía de mí. No las estaba leyendo como médico, sino como un ser humano más. Luego me miró, y me dijo que me creía y que lo que sucedió estuvo mal. Sumamente mal. Reconoció mi sufrimiento y creyó lo que anoté, sin cuestionarme en nada. Luego mencionó algo que me ayudó una enormidad: «Lysa, si el causante del dolor nunca se lamentó por lo que hizo, lo haré yo. Lamento muchísimo que hayas debido soportar todo este dolor».

En ese momento, se liberó algo bueno en mi interior. Dejé de sentir esa necesidad tan fuerte de resistirme. Pude sentir que se me ablandaba el corazón y que los músculos se relajaban. No es que todo pasó a estar bien en ese instante, pero qué fuerte fue que otro ser humano diera testimonio de mi dolor. Me di cuenta de que no necesitaba que fuera quien me lastimó. Solo necesitaba que alguien validara a mi lado lo mal que estuvieron esas traiciones.

Creo que mi argumento final para no perdonar fue mi miedo de que, si abandonaba mi gran enojo por lo sucedido, nunca hubiera ningún resarcimiento. Pero, cuando Jim estuvo de acuerdo conmigo en que todo lo que había sufrido fue un horror, lo consideré un momento de justicia. Él conocía mi situación mejor que nadie y, si bien no tomó partido, estuvo a mi lado en este momento clave.

Yo no estaba loca.

Esto que me hicieron y me dijeron fue espantoso.

. No me lo merecía.

Una persona capacitada para detectar la verdad aceptó la gravedad de lo que yo había soportado.

Entonces, decidí que ya no quería ser más la mujer a quien habían lastimado, sino la mujer que había sanado.

Jim luego me explicó que cada trauma tiene dos partes: «la realidad y el impacto» (como en el ejercicio del huevo de los traumas); por ende, el perdón también tiene dos partes. Cuando sufrimos un trauma, siempre hay que afrontar la realidad de lo sucedido, pero también está el impacto de lo sucedido. Eso es cómo el trauma nos afecta ahora y el precio que pagamos ahora por las acciones de otra persona.

Cuando Dios nos ordena perdonar, podemos ser obedientes al mandamiento dedicando un momento específico a verbalizar la decisión de perdonar a la persona por la *realidad* de lo que hizo, pero también está la segunda parte que muchos olvidamos: además, tenemos la libertad de tomarnos mucho más tiempo para sanar antes de perdonar el *impacto* de lo que nos hicieron. Podemos perdonar la realidad de lo sucedido rápidamente cuando queramos, pero perdonar el impacto de lo sucedido debería llevarnos, y nos va a llevar, todo el tiempo que haga falta.

¿Nunca afirmaste haber perdonado a alguien y luego, a los pocos días, algo reactivó el dolor y volvió a surgir el resentimiento contra esa persona? ¿Eso, para colmo, no te hizo sentir una fracasada en el arte de perdonar? Podrías comenzar a pensar que, por algún motivo, el perdón no es lo tuyo, pero no es eso lo que sucede.

> Podemos perdonar la realidad de lo sucedido rápidamente cuando queramos, pero perdonar el impacto de lo sucedido debería llevarnos, y nos va a llevar, todo el tiempo que haga falta.

Esa reactivación del dolor es una revelación de otra parte del impacto de lo sucedido. Eso no significa que tu decisión de haber perdonado no se haya sostenido en el tiempo o no cuente. No, solo significa que ahora tienes la oportunidad de afrontar esta parte del impacto perdonando de manera consciente el costo que sigue teniendo este trauma.

Luego de que Jim me explicó eso, me sentí preparada para el acto de perdonar a esta persona por la realidad de lo sucedido. Me dio enorme alivio saber que podía obedecer a Dios a través de ese acto, pero que también tenía espacio para procesar los sentimientos que surgirían al seguir sufriendo el impacto de lo sucedido.

Mi guion fue el siguiente: «Tomo la decisión de obedecer a Dios perdonando a esta persona por la realidad de que me ha lastimado, y lo que mis sentimientos aún no me permitan perdonar está más que cubierto por la sangre de Jesús». Entonces, Jim me entregó trozos de fieltro rojo para cubrir cada ficha.

Ahora ya tengo un momento concreto que recordar para estar tranquila de haber perdonado a la persona que me lastimó. Entonces, cuando algo reactiva todo, ya sé lo que debo hacer con eso tras procesar el dolor y tras reconocer que tal vez necesito seguir sanando. Luego uso el guion anterior, con una leve modificación. Cierro los ojos y susurro: «Por obediencia a Dios, ya he perdonado a esta persona por la realidad de lo sucedido, pero ahora también opto por perdonarle esta parte del impacto que estoy sufriendo, y lo que mis sentimientos aún no me permitan perdonar está más que cubierto por la sangre de Jesús».

Este ejercicio fue una de las partes más importantes del proceso de sanar. Me ayudó, no solo a procesar el dolor causado por mi exesposo, sino también, e incluso más, a procesar todo el dolor generado por las demás relaciones a lo largo de esta etapa.

Una de las cuestiones de la tragedia del divorcio es que algunas personas del entorno no saben qué hacer ante esta implosión de tu vida. La mayoría sabe qué hacer cuando un ser querido muere. Existe una especie de protocolo. Te vienen a visitar, te traen comida, vienen al velorio, miran el video homenaje, lamentan profundamente su partida, se sienten movilizados y lloran a tu lado, luego van al entierro, aceptan ese final, te dan espacio para sanar, te extienden gracia, te dan unos días libres, comprenden si no apareces por un tiempo, no te juzgan por la pérdida ni piensan en qué podrías haber hecho mejor, no intentan resucitar lo que ha muerto ni te hacen sentir culpable por no intentarlo tú.

Muchas personas saben qué hacer ante una muerte. La mayoría no sabe qué hacer ante un divorcio. Las personas tienen opiniones y reacciones que pueden sorprenderte y herirte.

Esto me tomó de sorpresa. Pensaba tener bastante idea de cómo reaccionarían determinadas personas. En muchos casos, mi predicción fue correcta. Sin embargo, la reacción de otras personas me sacudió. Yo tenía el corazón partido y ellos empeoraron mucho el dolor.

No te señalo eso para generarte miedo o más escepticismo en cuanto a tu entorno. Quizás la mayoría de la gente de tu vida intente aliviar tu pesar y no agravarlo. Sin embargo, de no ser así, quiero ayudarte a estar más preparada de lo que estuve yo. Por otro lado, si es algo que ya te tocó vivir, quizás esto te ayude a evaluar mejor ese dolor que te causaron y avanzar hacia el perdón para ellos también.

En retrospectiva, creo que las personas cuyas reacciones empeoraron mi dolor en pleno proceso de divorcio se pueden clasificar en cinco categorías:

- *Las personas que empeoraron la confusión inventando motivos de lo que sucedió con mi matrimonio.*

  Este grupo no me culpó necesariamente, pero quizás ellos pensaron que, si lograban identificar el motivo de lo sucedido, de alguna manera podían prevenir que les pasara a ellos. En otras palabras, su ilusión debía ser que, si no cometían los mismos errores, estarían a salvo de un divorcio. Mira, no los culpo por el temor que los llevó a pensar así, pero sin dudas esto me enseñó a no sacar conclusiones apresuradas ante las dificultades de otras personas solo para quedarme tranquila.

- *Las personas que agravaron mi dolor culpándome.*

Una persona estaba convencida de que mi exesposo tuvo un amorío porque yo viajaba por trabajo. Otra persona dijo que fue porque yo estaba más gorda (ay, eso dolió de verdad). Otra persona señaló que mi éxito lo había hecho sentir opacado. Todo eso se podría haber conversado si eran cosas que le molestaban, o podrían haber sido motivos para hacer terapia matrimonial, pero de ninguna manera son justificativos para la decisión que tomó de abandonar el matrimonio. Más allá de todo, parece que algunos quisieron culparme por «empujarlo a esta situación». Ellos determinaron que debía de haber alguna especie de causa y efecto para que «un buen hombre tomara decisiones tan inesperadas». Mi mirada hoy sobre eso es que no tengo tanto poder. No tengo tanto poder como para transformar una vida sana en una vida enfermiza. Sí, puedo hacerme cargo de mis errores, pero no me haré cargo de los de otra persona.

- *Las personas que desaparecieron porque no quisieron meterse.*

Más allá del motivo por el que hayan guardado silencio, esa decisión de no intervenir me hizo sentir sola en una batalla intensa contra las tinieblas que fue devastadora para mí y se le fue de las manos a mi exesposo. Si bien algunos amigos nuestros intentaron alentarlo a llevar una vida digna de la fe cristiana que profesaba, lamentablemente muchos otros se quedaron callados.

- *Las personas que relativizaron el impacto de esto para mí y los niños, y se empecinaron en convencerme de seguir juntos a pesar de todo.*

    Sigo haciendo énfasis en lo mismo: el matrimonio debe tomarse bien en serio. Los votos pronunciados en el altar deben respetarse. Es verdad. Sin embargo, no se honra a Dios alentando a alguien a continuar en un matrimonio cuando la otra parte muestra patrones de comportamiento destructivos, se niega a cambiar, genera gran angustia al cónyuge y tal vez a los niños también, o abandona a la familia y se niega a cuidarlos. Debemos honrar lo honroso. Como ya dijo Joel, no debemos elevar la institución del matrimonio por encima del bienestar de un cónyuge que es lastimado una y otra vez.

- *Las personas que no quisieron que él afrontara las consecuencias de sus decisiones y lo trataron como la víctima.*

    Esta fue la reacción más angustiante de todas. Normalmente, esto sucedía cuando yo tenía que marcar límites necesarios que otros no comprendían o con los que no estaban de acuerdo. La motivación para esos límites no era el deseo de tomar represalias. Esos límites me ayudaron a comunicar lo que ya no era aceptable en nuestra relación y me ayudaron a proteger mi físico y mi mente. Quien toma decisiones destructivas no es víctima de sus propias decisiones. Puede haber sido víctima de abuso, abandono o cosas muy dolorosas en etapas anteriores de su vida, pero como adulto es responsable de buscar ayuda para afrontar sus problemas.

Con todo esto no pretendo juzgar a nadie. Solo quiero señalar que incluso hasta algunas personas con las mejores intenciones no comprenderán la situación. Eso no significa que no te amen ni que no puedan comprender la situación más adelante. Simplemente hoy no entienden del todo lo que estás afrontando. Recuerda que, como menciona Jim, «la gente suele criticar sin contar con toda la información».

Ahora necesito tomarme un momento para aplaudir a los amigos que me ofrecieron cuidado verdadero y compasión genuina. Agradezco haber tenido suficientes amigos así para contrarrestar a los otros. La mayoría de ellos habían atravesado algún tipo de crisis y sabían que la vida de uno a veces puede desmoronarse.

Ellos ofrecieron ayuda práctica, oraron con sinceridad por mi divorcio más de lo que hablaron sobre él, fueron confiables y no anduvieron chismeando, me creyeron, intentaron comprender mi estado y lo que afrontaba en el día a día, si tenían que cuestionarme algo lo hacían sin juzgarme para nada, me aconsejaron, pero también me dieron espacio para tomar mis propias decisiones. Siempre estaré agradecida por esas almas bondadosas que nos amaron sanamente a mí y a mis hijos.

En cuanto a quienes, con intención o sin darse cuenta, agravaron mi dolor, hubiera sido fácil alejarme y no ocuparme de ellos, pero comencé a entender que nunca podría seguir sanando si cargaba en el corazón retazos de resentimiento y frustración con respecto a ellos.

Nunca hay solo un poco de resentimiento.

Nunca hay solo un poco de enojo, frustración o resquemor.

Esos sentimientos no quieren ser uno más de todos los que hay en el corazón; quieren convertirse en el sentimiento dominante.

Quizás a ti te haya resultado más fácil distanciarte de algunas personas que te lastimaron y hayas pensado que la distancia resolvería el problema. Perdonarlos no necesariamente supone retomar el contacto con ellos, pero considera el efecto positivo en tu corazón que podría tener tomar otra pila de fichas y continuar con este proceso del perdón.

EL RINCÓN DEL TERAPEUTA, CON JIM

Toma otra pila de fichas o un trozo de papel y anota algunos errores que te hayan señalado que cometiste en tu relación, incluso los que te haya señalado tu esposo o exesposo. Tal vez hasta hayas estado de acuerdo con las observaciones o las acusaciones. Mientras las anotas, no te inhibas. Luego, cuando termines, pásalas por el filtro de la verdad y la realidad. Ahora me ayudará Lysa.

Lysa por aquí otra vez. Te daré un ejemplo práctico de cuando me tocó hacer este ejercicio. Ya te conté que alguien pensaba que mi exesposo me engañó porque yo viajaba por trabajo.

A ver, ¿viajaba yo? Sí.

¿Viajaba mucho? Mi exesposo me ayudaba a armar mi agenda y participaba mucho en las decisiones de si aceptar o no cada compromiso.

¿En alguna de las tantas sesiones de terapia matrimonial mencionó estar preocupado por mis viajes? No.

Ahora, ¿podría yo haber reevaluado mi calendario de viajes tras saber que había problemas en el matrimonio, a fin de liberar más tiempo para recibir ayuda? Sí, y lo hice.

De nuevo, ¿tuve que reconocer errores que contribuyeron a esa dinámica disfuncional? Sí, desde luego. Soy un ser humano, con debilidades y pecado. Sin embargo, yo tendía a asumir tanta responsabilidad por errores que no me correspondían que tuve que trabajar en abandonar esa tendencia natural.

Jim aquí de regreso. Solo quiero explicar, en especial para quienes, como Lysa, tienden a hacerse cargo no solo de sus propios errores, que este ejercicio de pasar los comentarios de la gente por el filtro de la verdad y la realidad es una buena práctica para incorporar de manera definitiva en tu vida. Cuando surja algo nuevo, cuando alguien te lastime con sus palabras, tómate un momento para analizar toda la situación y hazte cargo de lo que debas hacerte cargo, pero de nada más. Cuando debas hacerte cargo de algo, recuerda que eso no te define como persona. Simplemente es reconocer un error, con la intención de dejar de cometerlo antes de que se convierta en un patrón. Se trata de un ejercicio liberador para sumar a tu repertorio que puede ayudarte con todas tus relaciones.

CAPÍTULO 10

¿Cómo es aceptar esta nueva normalidad?

Lysa de nuevo por acá. Hoy abrí mi Instagram y de inmediato vi una publicación de alguien a quien no sigo. Eso me asustó. No sé por qué parece que Instagram me presenta más contenido de personas que no sigo que de las que sí sigo. Esto me tomó por sorpresa, porque trajo a mi mente a una persona que representa mucho del dolor de mi pasado.

Guardé el teléfono y me senté a pensar en lo que acababa de ver. En lugar de permitir que mi mente se dejara llevar por pensamientos nocivos, enseguida opté por usar de otra manera la energía generada por la ansiedad. Decidí hacer inventario de mis pensamientos y sentimientos.

Alguien de mi vida siempre me recuerda esto: «Quizás no puedas tener bajo control lo primero que te viene a la mente, pero debes ocuparte con urgencia de tener bajo control lo segundo que te viene a la mente». Entonces, me hice algunas preguntas de suma importancia:

- *¿Qué estoy sintiendo?*
- *¿De qué surgen esos sentimientos?*
- *Sin maquillar nada, ¿qué pensé apenas vi esto?*
- *¿Cómo procesaría esta sensación con el lente del dolor y del resentimiento?*
- *¿Esa reacción generaría algún beneficio en el largo plazo?*
- *¿Cómo procesaría esta sensación con el lente de la madurez y de las ganas de sanar?*
- *¿Cuál sería el beneficio de hacer eso?*

Seis años antes, esta situación me hubiera dejado presa de una ansiedad galopante y habría tenido que cancelar lo que tuviera programado para ese día. Hubiera necesitado que alguien confiable procesara esto conmigo y me asegurara que mis emociones eran naturales.

Sin embargo, hoy fue diferente.

Estas fueron mis respuestas para esas preguntas:

- *¿Qué estoy sintiendo? Siento algo extraño.*
- *¿De qué surgen esos sentimientos? Me tomó por sorpresa ver a esta persona en mi Instagram.*
- *¿Qué pensé apenas vi esto? Ella no tiene nada que hacer aquí.*
- *¿Cómo procesaría esta sensación con el lente del dolor y del resentimiento? En mi mente, la criticaría y la consideraría una villana.*
- *¿Esa reacción generaría algún beneficio en el largo plazo? En el corto plazo la sinceridad brutal me haría sentir bien, pero en el largo plazo eso solo me generaría más pensamientos negativos y me pondría de mal humor.*

- *¿Cómo procesaría esta sensación con el lente de la madurez y de las ganas de sanar? No le permitiría a ella ponerme de mal humor, arruinarme el día ni modificar mi perspectiva. Impedir eso me haría sentir bien.*
- *¿Cuál sería el beneficio de hacer eso? Podría ver la situación como una breve interrupción, que es lo que fue. Luego guardaría el teléfono y me pondría a hacer algo más productivo.*

Al rato, llamé a una amiga íntima y le conté lo sucedido. Lo que sentí después de sentarme a pensar en todo eso me sorprendió: sentí compasión por la mujer del Instagram.

Fue un poco inesperado para mí. Quizás algo extraño. Ella me había robado algo. Sí, pero ella también ahora estaba viviendo en el caos del que Dios me había librado. Fue ante esa revelación que salió a la superficie la compasión. Fue algo real. No tuve que fingir ni maquillar mis sentimientos reales. Fue una compasión sincera. En ese instante, me encantó que esos fueran mis sentimientos y pensamientos. ¿Sentiré siempre eso? Quién sabe. No voy a cargarme el peso de tener que sentir siempre «lo bueno y lo correcto» de aquí en adelante. No. El proceso de sanar va variando como la marea y durará el resto de mi vida. Sin embargo, me dio felicidad recibir ese momento como una buena señal para el presente. Esto no se trató tanto de ella, sino más bien de evaluar mi avance y cómo está mi corazón este martes cualquiera de un enero de mucho frío.

La semana pasada, salí a almorzar con unas amigas y una me preguntó qué fue lo que más me ayudó a sanar. Me demoré un poco en ir al grano, pero finalmente me decidí por un concepto fuerte: *la aceptación*.

«Al final acepté que mi vida es esta», señalé. No fue resignación. Para nada. Fue la declaración de que he decidido amar esta vida imperfecta, caótica, imprevisible, a veces injusta y a veces superlinda. Estoy reconciliándome con la idea de que mi realidad tiene aspectos sumamente extraños muy alejados de la norma esperada. Estoy reconciliándome con las grandes dificultades que me generó este divorcio. Estoy reconciliándome con la idea de que nunca tendré respuestas para algunas preguntas de enorme importancia. Estoy reconciliándome con cómo son las cosas hoy, con cómo no son, y con la incertidumbre de cómo serán en el futuro.

La única manera de trabajar en esa reconciliación es repensar el significado que tiene la palabra «paz» para mí en este tiempo de mi vida.

Un día, hablando con mi hija, me lamentaba de que las cosas no pudieran volver a la normalidad. Ella enseguida me respondió: «Mamá, si quieres eso, necesitas repensar qué serán la normalidad y la paz para ti a partir de ahora».

La normalidad no puede ser el modo en que eran antes las cosas. Eso era disfuncional.

La normalidad no puede ser una visión idílica de cómo quería que fuera mi vida. Ese tipo de perfección no existe para nadie de este lado de la eternidad.

La normalidad no puede ser un escenario donde se reparan todos los errores y la persona que me lastimó hace desaparecer todo el daño que me hizo. El pasado no se puede cambiar.

La normalidad no puede ser lo que tienen otras personas ni la vida de otras personas. Las comparaciones no ayudan. Ellos también tienen sus problemas. Más allá de que todo parezca color de rosa para ellos, su historia es imperfecta porque transcurre en un mundo imperfecto. Suelo repetir: «No estoy equipada para lidiar con las cuestiones de los demás, sean buenas o malas, y siempre hay de las dos».

La normalidad no puede ser los sueños que tenía sobre mi futuro. Si sigo buscando una normalidad fantasiosa, no hallaré paz. Lo repito. Si sigo buscando una normalidad fantasiosa, no hallaré paz. En cambio, si opto por aceptar mi vida tal como es hoy, algo cambia en mi interior. Esa aceptación no es conformarse con menos, sino en realidad prepararse para lo que viene.

Me refiero a dejar de lado mi orgullo y dejar de pensar que sé qué es lo mejor, a soltar lo que está fuera de mi control, a darme cuenta de que la vida no siempre es justa, pero puede ser linda de todos modos. Sumamente linda.

> La aceptación no es conformarse con menos, sino en realidad prepararse para lo que viene.

¿Recuerdas que al comienzo de este libro nos preguntábamos cuánto se demora en sanar? Ahora tengo la respuesta: el tiempo necesario. No hay una línea de llegada que representa haber sanado. Se trata de un proceso mediante el cual descubrimos nuestra gran fortaleza.

Has demostrado una valentía increíble. Ojalá ahora te sientas más preparada para continuar con el proceso de soltar el pasado sin desmoronarte. Ojalá puedas ver que cada lágrima fue dolor que salía de tu interior y hacía lugar para posibilidades maravillosas. Tu vida no ha acabado. Este es solo un nuevo comienzo. No veo la hora de saber qué te deparará el futuro.

EL RINCÓN DEL TERAPEUTA, CON JIM

En Proverbios 11:14, se nos recuerda: «Donde no hay dirección sabia, caerá el pueblo; Mas en la multitud de consejeros hay seguridad» (RVR1960). Para lograr ese tipo de seguridad, aliento a la gente a formar lo que denomino una junta directiva personal.

De alguna manera, Lysa, Joel y yo hemos sido tu junta directiva personal en las páginas de este libro, pero ahora queremos hacernos a un lado y permitirte crear una junta con tus seres queridos (incluso quizás ya tengas una). Para comenzar, puedes hacer lo siguiente.

Paso uno: Identificar

Piensa en personas que podrían formar parte de esa junta. A veces, son solo algunas amigas íntimas. Para que tengas un ejemplo, le pedí a Lysa que nos ayudara.

Lysa aquí de regreso. Esta fue mi junta directiva personal durante mi divorcio:

- Dos amigas que estaban atravesando lo mismo.

- Jim, mi terapeuta.

- Joel, un amigo de confianza para estudiar la Biblia y decirme la verdad sin miedos.

- Una amiga que ama al Señor y cuenta con sabiduría terapéutica.

- Una amiga buena para las finanzas y capaz de ayudarme con cosas como facturas, herencias o seguros; y otros profesionales que pudiera necesitar.

- Mi abogado.

- Varias amigas que se comprometieron a orar por mí.

Esta lista es personal; fue la junta que armé yo de acuerdo con mis necesidades. Tu lista debe incluir a las personas adecuadas para tus necesidades y debe ser realista. La idea no es buscar la junta perfecta, sino que consigas la ayuda que necesitas y no afrontes todo esto sola.

Nunca tuvimos una reunión con todas estas personas, pero su sabiduría colectiva fue de enorme ayuda.

Al pensar en la conformación de la lista, identifiqué mis necesidades prácticas más urgentes y el tipo de apoyo que necesitaba en ese momento de mi vida, y busqué a las mejores personas que pude para esos roles. Todavía sigo en contacto con cada uno de ellos, aunque han pasado varios años desde mi divorcio. Ahora nuestras interacciones son menos intensas y urgentes que antes, pero cada uno de ellos fue crucial: me ayudaron y me siguen ayudando a tomar decisiones en oración y bien fundamentadas. Esa junta directiva me brindó aliento, oración y apoyo. Fue lindo saber que había personas dispuestas a ayudarme, en especial cuando otros no me entendieron a mí ni a mi situación.

Paso dos: Preguntar

Jim de nuevo por aquí. Una vez que hayas identificado a las personas correctas, quiero que las convoques y les hagas preguntas como estas: ¿cuál es tu perspectiva? ¿Qué no estoy detectando? ¿Qué no estoy viendo? ¿Ves algún aspecto en el cual me esté resistiendo a la sabiduría, a la realidad, etc.? ¿Qué estoy haciendo bien? ¿Qué versículos que hayas leído recientemente pueden ayudarme en este momento? Cuando hagas eso, recuerda algunas cosas:

- Estas personas están para apoyarte y ayudarte, pero no te asustes si a veces te cuestionan.

- Están para ayudarte a llevar ese peso, pero necesitan que tú se lo permitas. No intentes cargar todo sobre tus hombros.

- Te ayudarán a estabilizarte en la mejor versión de ti misma, en una etapa en que las emociones se descontrolan con frecuencia.

- No podrán apoyarte si no conocen tu dolor. Considera invitarlas a escuchar tu huevo de los traumas o tu historia de vida, o al menos las cinco o diez heridas más grandes que has sufrido.

- Es probable que tengan cuestiones que atender de su propia vida también. Por ende, permíteles sumarse y bajarse cuando lo deseen (por diferentes motivos, como etapas de la vida, mudanzas, etc.).

El principal motivo para tener una junta directiva personal es contar con gente que te apoye, te aliente, te abra los ojos a posibles dificultades y te ayude a perseverar en la búsqueda de seguir adelante de manera sana.

Conclusión

Es tiempo de soñar otra vez

Lysa otra vez por aquí. Llegamos al final del libro y quizás estés pensando: *¿Cómo puede ser que mi vida sea esto? ¿Por qué me metí en este enredo? ¿Qué debí haber visto en el noviazgo para ahorrarme todo este sufrimiento?¿Por qué soporté por tanto tiempo toda esta dinámica disfuncional?*

Amiga, te lo aseguro: nunca soñaste ni imaginaste esto. Todas estas idas y vueltas que hubo en tu historia no eran parte del plan. Justamente, que estés leyendo este libro me demuestra que surgieron grandes dificultades en lo que pensabas que sería una relación segura y amorosa, y ahora te encuentras tambaleando por la congoja y la confusión a raíz de la muerte de tu matrimonio.

Muchas veces recostada me puse a recordar situaciones del pasado y a preguntarme cuándo se salió todo de cauce. Cuántos recuerdos, cuántas esperanzas, cuántos sueños destrozados, cuántas lágrimas.

Jim me señaló varias veces: «Lysa, uno hace lo que puede en cada momento». No sirve de nada regañarte a ti misma por lo que no detectaste, por no haber tomado otras decisiones, por no haber pedido ayuda antes y tampoco por no haber hecho las cosas de otra manera. Entonces, no te dejes llevar todo el tiempo por pensamientos sobre lo que no supiste hacer en el pasado. Tampoco sientas vergüenza por no conocer el futuro. Nadie sabía lo que acabaría sucediendo.

En cambio, aprovechemos lo que sabemos ahora para tomar cuatro determinaciones.

- *Dejaremos de intentar comprender a nuestro ex y por qué hizo lo que hizo.*

    Todavía estoy trabajando en eso. En parte porque a veces suceden cosas nuevas que me duelen. No es raro que eso me sobrepase y acabe diciendo: «No puedo creer que haya dicho o hecho esto». En esos momentos debo recordarme: «En realidad, sí lo puedo creer, porque coincide con los patrones del pasado». En lugar de perder el control de mis emociones, veo la realidad y decido que, si necesito responder, mantendré la distancia y no dejaré que este caos me desbarate el ánimo.

- *Trabajaremos en nosotras, no en él.*

    Ya no es tarea nuestra salvarlo, corregirlo ni ayudarlo a eludir las consecuencias de sus decisiones.

    De hecho, nunca debió haber sido tarea nuestra. Ahora es tiempo de concentrarnos en sanar, en crecer y en nuestro futuro.

- *Nos tomaremos el tiempo necesario para sanar antes de iniciar otra relación.*

    Me llevó mucho tiempo siquiera poder imaginar tener otra relación. De todos modos, estoy agradecida por esos años, porque necesitaba trabajar mucho en mí misma antes de intentar iniciar otra relación. Para mí, la disfunción de mi primer matrimonio se había convertido en lo normal. Por ende, si no trabajaba en repensar qué es una relación sana y una no sana, corría el riesgo de verme atraída por el mismo tipo de perfil disfuncional. No quería necesitar que otro hombre me ayudara a sanar y aliviara el dolor de la soledad. Es verdad que, tras sufrir tanto rechazo, eso habría sido lindo por un tiempo, pero creo que me hubiera llevado a un conformismo no recomendable. Quería sanar lo suficiente como para desear al tipo de hombre correcto. Necesitaba prepararme para un buen futuro ocupándome primero de esperar, sanar y establecer límites sanos. La meta no fue hallar la felicidad en otro hombre, sino sanar y honrar a Dios como mujer.

- *Nuestra vida no ha acabado.*

    Cuesta mucho percatarse de esto cuando solo imaginaste el futuro con una persona. Sé que a veces cuesta avanzar hacia un futuro que no quieres. Sin embargo, créeme, allí afuera hay un mundo enorme repleto de alegrías que no querrás perderte. No está mal continuar el duelo de lo que ya nunca será, pero acompáñalo con una nueva esperanza de que surgirán buenas posibilidades. Permítete soñar, imaginar, descubrir y orar en el día a día a partir de ahora.

Cuando cierres este libro, recuerda que con Jim y Joel estamos orando por ti. En nuestra mente, te hemos dejado en las fieles manos de Dios, y confiamos en que Él te va a guiar, ayudar, alentar y prodigar Su perfecto amor. Es mi ilusión algún día poder sentarme a charlar contigo sobre todo lo bueno que hemos descubierto en este proceso de Dios de crear belleza a partir de las cenizas. Será un día precioso.

Recursos de cuidado y consejería

Querida amiga:

Esperamos que este libro te haya dado la fortaleza emocional y la confianza bíblica que necesitas para las difíciles circunstancias que puedas estar afrontando. También somos conscientes de que este libro es apenas un punto de partida y de que hay otros lugares donde también recibirás ayuda y apoyo. Por eso, hemos preparado una lista de recursos que recomendamos. Estamos orando por ti y es un honor acompañarte en este proceso.

Lysa TerKeurst, Dr. Joel Muddamalle y Jim Cress

- Proverbs 31 Ministries: El recurso de confianza que anhela ayudarte a conocer la Verdad y a vivirla, porque cuando lo haces, todo cambia.

    Visita www.proverbs31.org para obtener acceso al devocional *Encouragement for Today* [Aliento para el día de hoy], así como pódcasts, enseñanzas bíblicas en la aplicación First 5 y mucho más.

- Retiros espirituales en Haven Place
    Visita www.havenplace.org. Disponible únicamente en inglés.

Libros

Si buscas más literatura para profundizar en los siguientes temas, te recomendamos esos libros.

- Para aprender a sentirte amada tras el rechazo: *Sin invitación* de Lysa TerKeurst.
- Para cuando estés desilusionada y tu vida no sea lo que imaginabas: *No debería ser así* de Lysa TerKeurst.
- Para cuando perdonar parece imposible: *Perdona lo que no puedes olvidar* de Lysa TerKeurst.
- Para cuando no estás segura de si a Dios le agrada que definamos límites y digamos «basta»: *Límites saludables, despedidas necesarias* de Lysa TerKeurst.
- Para construir relaciones sanas tras la pérdida de la confianza: *Quiero confiar en ti, pero no puedo* de Lysa TerKeurst.
- Para entender por qué le suceden cosas feas a la gente humilde: *The Hidden Peace* [La paz oculta] del Dr. Joel Muddamalle.

Notas

Capítulo 1: Un hogar partido en dos
1. Brené Brown, *Los dones de la imperfección* (Gaia Ediciones, 2016), p. 15.
2. Timothy George, *Gálatas: Una exposición exegética y teológica de las Santas Escrituras*. Nuevo comentario americano del Nuevo Testamento. Volumen 30. (Tesoro Bíblico, 2021), p. 418.
3. George, *Gálatas*, p. 418.
4. «The 3 Cs of Al-Anon» [Las 3 C de Al-Anon], Camelback Recovery, actualizado el 21 de octubre de 2024, https://www.camelbackrecovery.com/blog/the-3-cs-of-al-anon/

Capítulo 2: ¿Y mi pacto ante Dios?
1. Herman Bavinck, *et al.*, *Dogmática reformada* (Clie, 2023), p. 555.
2. Joel Muddamalle, *The Hidden Peace: Finding True Security, Strength, and Confidence Through Humility* [La paz oculta: Cómo hallar seguridad, fortaleza y confianza verdaderas a través de la humildad] (Thomas Nelson, 2024), p. 40.
3. Si buscas una lectura más académica: Todd Scacewater, «Divorce and Remarriage in Deuteronomy 24:1-4» [Divorcio y segundas nupcias en Deuteronomio 24:1-4], *Journal for the Evangelical Study of the Old Testament 1 (2011–2012)* [Revista de estudio evangélico del Antiguo Testamento 1 (2011-2012)]. Si buscas un artículo más sencillo: C. J. H. Wright, «Family» [Familia], *The Anchor Yale Bible Dictionary*

[Diccionario bíblico ancla firme de Yale], editado por David Noel Freedman (Doubleday, 1992).
4. J. Knox Chamblin, *Matthew: A Mentor Commentary* [Mateo: Comentario Mentor], Mentor Commentaries [Comentarios Mentor] (Mentor, 2010), p. 924.
5. Gary Harlan Hall, *Deuteronomy* [Deuteronomio], The College Press NIV Commentary [Comentario NVI de College Press] (College Press Pub. Co., 2000), p. 359.
6. David Instone-Brewer, *Divorce and Remarriage in the Bible: The Social and Literary Context* [Divorcio y segundas nupcias en la Biblia: Contexto social y literario] (William B. Eerdmans, 2002), pp. 5-6. Brewer señala: «La dote seguía perteneciendo a la novia; por lo cual, si el esposo moría o decidía divorciarse, a ella le quedaba dinero para subsistir. También era posible que ella recibiera una porción de la herencia además de la dote».
7. Esto no implica que tengamos libertad absoluta para hacer lo que queramos. Una relación con Dios va a acompañada de responsabilidades. Esto se trata más de rechazar el concepto de que debemos esforzarnos para recibir o ganarnos el amor de Dios.
8. Este recurso es una creación brillante de la doctora experta en traumas Marilyn Murray, reconocida a nivel internacional, p. 307.

Capítulo 3: ¿Pero Dios no odia el divorcio?
1. Dorothy Patterson, *RVR 1960 Biblia de estudio para mujeres*, nota de estudio de Malaquías 2:16 (Holman Bible Publishers, Nashville, Tennessee, 2017), p. 1155.
2. Las decisiones interpretativas son habituales en todas las traducciones. Sin embargo, la cuestión es que esa interpretación no necesariamente es la única. Mi intención es hacer énfasis en que existe buena evidencia textual para optar por una lectura alternativa y, de hecho, más histórica.
3. La traducción más coherente que se deriva de las fuentes de la antigüedad, como el Texto Masorético (TM), la Septuaginta (LXX), 4QXII, el Tárgum y la Vulgata, (en especial la LXX, la primera traducción de la Biblia hebrea al griego, donde se nos aporta información de nivel de comentario sobre el TM) consistiría en preservar el TM sin modificaciones. Entonces, deberíamos emplear el verbo en tercera persona: «él odia». ¿Y quién es «él»? «Él» hace referencia al esposo, no a Dios. En Malaquías, casi siempre que se presentan palabras de Dios con la frase «Jehová Dios ha dicho» o «dice el Señor» se presentan como citas

textuales, y aquí habría que hacer lo mismo. Esas palabras *no* deberían presentarse con estilo indirecto. Entonces, Jehová está hablando sobre el esposo que odia a su esposa y se divorcia de ella. La LXX respalda esta perspectiva y emplea una construcción de participio y subjuntivo: «allà è àn misésas èxapostéilēs» (si por odio te divorcias). Allí está hablando del esposo, *no* de Dios.

4. E. Lipiński, «אִישׁ», ed. por G. Johannes Botterweck, Helmer Ringgren y Heinz-Josef Fabry, trad. por Douglas W. Stott, *Theological Dictionary of the Old Testament* [Diccionario teológico del Antiguo Testamento] (William B. Eerdmans, 2004), p. 164.
5. E. Lipiński, «אִישׁ», p. 164.
6. Brené Brown, *Los dones de la imperfección* (Gaia Ediciones, 2016), p. 70.

Capítulo 4: ¿El único motivo válido para divorciarse es la infidelidad sexual?

1. Peter C. Craigie, «The Book of Deuteronomy» [El libro de Deuteronomio], en *The New International Commentary on the Old Testament* [Nuevo comentario internacional del Antiguo Testamento] (William B. Eerdmans, 1976), p. 305. Las escuelas rabínicas de Hilel y Shamai también diferían en cuanto a esto. La de Shamai defendía una interpretación sumamente conservadora: que el texto hacía referencia a la promiscuidad sexual. La de Hilel tenía una perspectiva muy liberal: que podía ser cualquier cosa desagradable, incluso quemar la comida. Para ver más información, consulta Todd Scacewater, «Divorce and Remarriage in Deuteronomy 24:1-4» [Divorcio y segundas nupcias en Deuteronomio 24:1-4], *Journal for the Evangelical Study of the Old Testament 1* [Revista de estudio evangélico del Antiguo Testamento 1 (2012)], p. 67.
2. David Instone-Brewer, *Divorce and Remarriage in the Bible: The Social and Literary Context* [Divorcio y segundas nupcias en la Biblia: Contexto social y literario] (William B. Eerdmans, 2002), p. 38.
3. Instone-Brewer, *Divorce and Remarriage* [Divorcio y segundas nupcias en la Biblia], p. 20.
4. *Ibid.*, p. 86.
5. Robert H. Stein, «Is It Lawful for a Man to Divorce His Wife?» [¿Es lícito que un hombre se divorcie de la esposa?], *Journal of the Evangelical Theological Society 22* [Revista de la Sociedad Teológica Evangélica 22], núm. 2 (1979), p. 117, https://etsjets.org/wp-content/uploads/2010/08/files_JETS-PDFs_22_22-2_22-2-pp115-121_JETS.pdf.

6. Instone-Brewer, *Divorce and Remarriage* [Divorcio y segundas nupcias en la Biblia], p. 159.
7. Scott Peck, *El camino menos transitado* (Vergara, 2019), p. 50.

Capítulo 5: ¿Por qué Dios no impidió que sucediera todo esto?
1. A modo de aclaración, no debe interpretarse que «Dios produce el mal».
2. Albrecht Oepke, «Ὅπλον, Ὁπλίζω, Πανοπλία, Ζώννυμι, Διαζώννυμι, Περιζώννυμι, Ζώνη, Θώραξ, Ὑποδέω (ὑπόδημα, Σανδάλιον), Θυρεός, Περικεφαλαία», en Diccionario teológico del Nuevo Testamento, ed. por Gerhard Kittel, et al., (Libros Desafío, 2002), p. 303.
3. Lynn H. Cohick, *La carta a los efesios*, ed. por Ned B. Stonehouse y otros, Nuevo comentario internacional del Antiguo y Nuevo Testamento (Editorial Tesoro Bíblico, 2024), p. 418.
4. Joel Muddamalle, *The Hidden Peace: Finding True Security, Strength, and Confidence Through Humility* [La paz oculta: Cómo hallar seguridad, fortaleza y confianza verdaderas a través de la humildad] (Thomas Nelson, 2024), p. 207.
5. Ala Yankouskaya, *et al.*, «Short-Term Head-Out Whole-Body Cold-Water Immersion Facilitates Positive Affect and Increases Interaction between Large-Scale Brain Networks» [La inmersión de corto plazo de cuerpo entero en agua fría con la cabeza afuera facilita el afecto positivo e incrementa la interacción entre las redes cerebrales de gran escala], *Biology* [Biología], 12, no. 2 (2023), p. 211, https://doi.org/10.3390/biology12020211.
6. Yankouskaya, *et al.*, «Cold-Water Immersion» [Inmersión en agua fría].

Capítulo 6: La vida va cambiando, pero tú puedes decidir cómo cambiar
1. Steven Knight, escritor, *La luz que no puedes ver*. Episodio 3, dirigido por Shawn Levy, estrenado el 3 de noviembre de 2023 en Netflix.
2. Estoy pensando en las cinco etapas clásicas del duelo detalladas hace muchos años por la doctora Elisabeth Kubler-Ross en su libro épico *Sobre la muerte y el morir* (Luciérnaga, 2024).
3. Lorie Johnson, «The Deadly Consequences of Unforgiveness» [Las consecuencias mortales de no perdonar], CBN, 22 de junio de 2015, https://cbn.com/news/news/deadly-consequences-unforgiveness.

Capítulo 7: Es hora de dominar la situación, como te corresponde
1. Lysa TerKeurst, *Emociones fuertes, decisiones sabias* (Editorial Vida, 2014).
2. George H. Guthrie, «2 Corinthians» [2 Corintios], ed. por Robert W. Yarbrough y Robert H. Stein, en *Baker Exegetical Commentary on the New Testament* [Comentario exegético Baker del Nuevo Testamento] (Baker Academic, 2015), p. 474. Me desvío un poco de la progresión de tres pasos original de Guthrie al hablar de obedecer con nuestros pensamientos. Guthrie está hablando del contexto militar romano, lo cual es correcto y útil.
3. George H. Guthrie, «2 Corinthians» [2 Corintios], ed. por Robert W. Yarbrough y Robert H. Stein, en *Baker Exegetical Commentary on the New Testament* [Comentario exegético Baker del Nuevo Testamento] (Baker Academic, 2015), p. 474. Me desvío un poco de la progresión de tres pasos original de Guthrie al hablar de obedecer con nuestros pensamientos. Guthrie está hablando del contexto militar romano, lo cual es correcto y útil.

Capítulo 8: Perdonar se siente tan injusto
1. Esto lo aprendí de un guía turístico en un recorrido para estudiar los lugares que visitó Pablo en sus viajes misioneros.
2. Si precisas más orientación sobre esto, consulta el libro de Lysa *Límites saludables, despedidas necesarias*, donde hallarás un análisis bíblico aún más profundo sobre los límites. Además, a lo largo de todo ese libro también hallarás aportes de Jim.

Acerca de los autores

LYSA TERKEURST ADAMS es presidenta y directora de visión de futuro de Proverbs 31 Ministries, además de autora de ocho libros que llegaron a la lista de éxitos del *New York Times*, como *Quiero confiar en ti, pero no puedo*, *Límites saludables, despedidas necesarias*, *Perdona lo que no puedes olvidar* y *No debería ser así*. Disfruta de la vida con su esposo, Chaz, y con sus hijos y nietos. Comunícate con ella en www.LysaTerKeurst.com o en las redes sociales, en @LysaTerKeurst.

JOEL MUDDAMALLE tiene un doctorado en teología y es director de teología e investigación en Proverbs 31 Ministries. También conduce el pódcast *Therapy & Theology* [Terapia y teología] con Lysa TerKeurst. Joel suele exponer en iglesias, conferencias y eventos. En 2024, lanzó su primer libro, *The Hidden Peace: Finding True Security, Strength, and Confidence Through Humility* [La paz oculta: Cómo hallar seguridad, fortaleza y confianza verdaderas a través de la humildad]. Vive en Charlotte, Carolina del Norte, con su esposa, sus cuatro hijos y una ovejera alemana llamada Lady. Comunícate con Joel en Instagram, en @muddamalle.

JIM CRESS (MA, LPC, LCMHC, CSAT) es terapeuta profesional matriculado, terapeuta clínico de salud mental matriculado y coach de vida certificado, y se especializa en traumas relacionados con cuestiones maritales, infidelidades y traiciones, ante todo a través de terapias intensivas de tres días. También lleva 45 años en medios de comunicación cristianos. Jim forma parte del comité ejecutivo de la Asociación Estadounidense de Terapeutas Cristianos, expone en las conferencias nacionales de dicha asociación y también conduce el pódcast *Therapy & Theology* [Terapia y teología] con Lysa TerKeurst. Jim y su esposa, Jessica, viven en Charlotte, Carolina del Norte, y tienen tres hijos y seis nietos.